黄际遇 著
黄小安 何荫坤 编注

黄際遇日記類編

畴盦联话

中山大学出版社
·广州·

版权所有　翻印必究

**图书在版编目（CIP）数据**

黄际遇日记类编. 畴盦联话/黄际遇著；黄小安，何荫坤编注. —广州：中山大学出版社，2019.6

ISBN 978-7-306-06617-6

Ⅰ. ①黄…　Ⅱ. ①黄…②黄…③何…　Ⅲ. ①黄际遇（1885—1945）—日记　Ⅳ. ①K826.11

中国版本图书馆 CIP 数据核字（2019）第 078955 号

Huangjiyu Riji Leibian Chou'an Lianhua

| | |
|---|---|
| 出 版 人： | 王天琪 |
| 策划编辑： | 嵇春霞 |
| 责任编辑： | 林彩云 |
| 封面设计： | 林绵华　何　欣 |
| 封面绘图： | 周　桦 |
| 责任校对： | 廖丽玲 |
| 责任技编： | 黄少伟 |
| 出版发行： | 中山大学出版社 |
| 电　　话： | 编辑部 020-84110283，84113349，84111997，84110779，84110776 |
| | 发行部 020-84111998，84111981，84111160 |
| 地　　址： | 广州市新港西路 135 号 |
| 邮　　编： | 510275　　传　真：020-84036565 |
| 网　　址： | http：//www.zsup.com.cn　　E-mail：zdcbs@mail.sysu.edu.cn |
| 印 刷 者： | 佛山家联印刷有限公司 |
| 规　　格： | 787mm×1092mm　1/16　15 印张　328 千字 |
| 版次印次： | 2019 年 6 月第 1 版 |
| 定　　价： | 68.00 元 |

如发现本书因印装质量影响阅读，请与出版社发行部联系调换

黄际遇在青岛时的留影（原载《黄任初先生文钞》）

# 《黄际遇先生文集》序[1]

◎ 黄海章[2]

际遇先生字任初,早岁沉酣经史,学养精深。值晚清政治腐烂,内忧外患,相迫而来,思有以拯溺救焚,乃东渡日本,穷探数天之学,以期施诸实际,旋赴美国,益事深研。学成归国,曾任武昌高等师范学校、河南大学、山东大学、中山大学数天(数学、天文学)系教授,作育英才,声誉卓著。暇则穷探中国古籍,以存国学之精微。在武汉时,与黄侃先生为深交。商榷古今,所治日进。黄侃先生殁,曾为文致悼,情词深挚,动人心腑。先生平昔长于骈文,仰容甫、北江之遗风,摒弃齐梁之浮丽,吐词典雅,气象雍容,当日号为作手。除在中大数天系任教外,兼任中文系教授。讲授"骈文研究""《说文》研究"。沟通文理之邮,除先生外,校中无第二人。平昔治学甚勤,为《因树山馆日记》数十册。其中除讨论学术、文章外,象棋技艺亦在所不遗。先生棋艺甚精,与南粤诸高手角,亦互有胜负。而书法雄劲,光采照人,固不独以数天专家名焉。

一九三八年十月,日寇侵犯广州,形势危急,中大乃迁至云南澄江,后又迁回粤北坪石。而寇氛日炽,先生随理学院转移连县。抗日战争胜利后,由北江南下,不幸失足堕水,拯救无效。得年六十一岁。群情嗟悼,以为文理两院,竟丧斯人,实学术界之不幸云。

先生遗文颇多,因卷帙浩繁,势难全印,乃择其中一部分,公诸社会,存其梗概,庶几不堕斯文。

余于先生为后进,初在中大任教时,屡相过从,请益无倦。先生亦不余弃,奖掖有加。在坪石时,文理两院曾隔江相望,亦屡有晤面。先生意气豪放,谈笑风生,闻者为之倾倒。至今数十年,风采如在目前。哲嗣家教,治语言之学,于方言调查,尤所究心。在中大中文系任教三十余年,克尽厥职,门墙桃李,欣欣向荣。先生后继有人,可以无憾。

"文革"前有刊先生文集之议,余曾为作序。十年动乱,触目惊心。据家教

---

[1] 原载《中山大学学报》1990年第1期,第99页。

[2] 黄海章(1897—1989年),字挽波,号黄叶,广东省梅州市梅县区人。国立中山大学教授。中国古典文学著名学者,尤精于《文心雕龙》研究,有《中国文学批评论文集》《中国文学批评简史》《明末广东抗清诗人评传》《黄叶楼诗》等著作。

学兄云,该序已经散失。此次重编先生遗文,复请余序其端,余追惟先生之学问文章,言论风采,不辞鄙陋,复缀小言。数十年如石火电光,倏然消逝,余亦白发盈颠,皱面观河,迥殊往昔。所幸神州旭日,照耀人寰,先生有灵,亦当含笑于地下。

1982 年 12 月

# 《黄任初先生文集》序

黄海章撰　黄家教书

际遇先生字任初，早岁沉酣经史，学养深值。晚清政治腐烂，内忧外患相迫而来，思有以拯溺救焚，乃东渡日本窥探欧美之学。期诋诸实际，旋赴美国益事深研。学成归国，曾任武昌高等师范学校、河南大学、山东大学、中山大学教学，兼教育部英才督导等年。著暇则寝探中国古籍以存国学之精微，在武汉时与黄侃先生为深交，甫权古今，所治日进。黄侃先生致曾为文致悼情词深挚，勤人心腑。先生平昔长于骈文，仰宗甫北江之遗风，撰章齐梁之浮丽，土辞典雅氛象，富家寓旨，号为作手。除在中大最天集中文系教授讲授骈文研究、说文研究、通论文理之部、除先生外校中无第二人。平昔治学甚勤，为因树山馆日记凡十册；又除讨论学术文章外，象棋拔塾亦在所不遗。先生棋艺甚精，掌南粤诸高手，甫亦多有岁月而无……天事家名焉。

元三八年十月冠侵扰州郡……

黄任初先生文集序

黄海章老师撰　家教敬识

（注：黄家教是黄际遇的三儿子，本书编注者黄小安的父亲。序的手稿与原文略有不同。）

# 《黄际遇日记类编》序

◎ 黄天骥

近日,黄小安女士把即将出版的《黄际遇日记类编》(简称《类编》)交给我看,并嘱我作序。我始而惶恐,因为我早就听说,小安的祖父黄际遇教授,是近代学坛文理兼长的旷世奇才,像我这样水平浅薄的后辈,实在不敢置喙。但一想,通过阅读黄际遇教授的日记,学习前辈大学者的学术思想,了解从晚清到抗日战争时期社会的状况,体察在这一历史阶段知识分子的生活方式和心态,对提高自己对我国近现代学术思想、教育理念发展的认识,实在也是难得的机会。因此,便接过小安送来的校样,欣然从命。

我在1952年考进中山大学中文系,后来留校任教,也从詹安泰、黄海章等老师口中,约略知道中大曾经出现过无与伦比的黄际遇教授。黄老教授的哲嗣黄家教先生,师从王力教授,从中央民族学院进修回来后,在中大中文系任语言学科讲师,是我的老师辈。他和他的夫人龙婉芸先生与我过从很多,但也只从他俩的只语片言中知道黄际遇教授酷爱研究象棋,写过许多棋谱而已。总之,我知道黄际遇教授是学术界的名家,是传奇式的大学者,至于有关他的具体情况,却知之不多。这次小安把《类编》的校样和有关资料交给我看,浏览一遍,真让我眼界大开,五体投地。

黄际遇是广东省澄海县人,出身望族,诗礼传家,14岁即参加科举考试,成为同试中最年少的秀才。当时,风气渐开,清政府也开始派遣一些青年才俊到海外学习科学知识。黄际遇在18岁的时候,被广东官派到日本留学,专攻数学,成为日本著名数学家林鹤一博士的高足。可以说,他是我国早期专攻西方数学的留学生之一。回国后,他立刻从事数学、物理学科的教学科研和组织工作。1920年,他受当时教育部委派,到美国考察和进修。两年后,又获得芝加哥大学科学硕士学位。

黄际遇教授的一生,主要从事理科特别是数学、天文学科的教学科研,以及从事在全国范围内组织推动科学发展的工作。他担任过多所著名高校的理学院院长、数学系主任,出版过高质量的数学教材和译著、论著,被公认为卓越的数学家和开创我国现代高等数学教育事业的元老。最让人惊奇的是,他在国立山东大学担任理学院院长时,闻一多先生辞去文学院院长一职,他竟能双肩挑,兼任文学院院长。更令人意外的是,他在国立中山大学任教时,除了在理学院、工学院讲授主要课程以外，还常到中文系开设"骈文研究""《说文》研究"等艰深的课程，并且受到广大学生的赞誉。今天，我看到他留下的日记手稿，全是以文言文写成，文章有时简约畅练，有时骈散兼备，有时更是全篇流丽典雅的骈文。看得出六朝辞赋、西汉文章，他均烂熟于胸，可以信手拈来，随心驱使。他还擅长书法艺术，行草篆隶俱精；对象棋艺术，也深有研究，能与当时广东棋坛的"四大天王"对弈，互有胜负，曾写就多达50册的棋谱《畴盦坐隐》。像他那样思路开阔、能够贯通文理的大师，在我国的学术史上实为罕见。

黄际遇教授有每天都写日记的习惯。在《类编》丛书中，收录有他在国立山东大学和国立中山大学工作时期的日记。此外，还有"读书札记""读闻杂记"等多种笔记。在日记里，黄际遇教授或记事，或抒情，虽以文言写成，言简意赅，或以典故隐寓，曲笔寄怀，但都能让我们觉察到他曲折的心路历程。在早年，他参加过孙中山的同盟会，以科学救国为己任。在抗日战争时期，他看到山河破碎，悲愤不已，那一段时期的日记，贯穿着浓重的家国情怀。在日记里，他记录了许多珍贵的史料，也让我们看到民国初年和抗日战争时期学坛中许多知识分子的思想状态和生活方式。换言之，黄际遇教授的日记，虽然是文绉绉的，却又是活生生的。这是一部如诗如史的典籍，它对研究近现代历史，包括学术史、思想史、社会史的学者来说，都有很珍贵的参考价值。

研读黄际遇教授的日记，也引发我对一些问题的思考。

在许多人看来，数学与文学，是完全不同的学术领域，前者重逻辑思维，后者重形象思维，二者似乎毫不相干。其实，在人的大脑中，这两种思维能力同时存在，甚至本来就互相依存。问题在于，人们有没有把二者融会贯通的禀赋。

我在中大，曾多次听到数学教授们对某些数学论文的评价，说它们"很美"！我愕然，不知道那枯燥的数字和公式，和"美"有什么关系？后来向数学系的老师请教，才知道如果在数学论证的过程中，能发人之所未发，或鞭辟入里、一剑封喉，或奇思妙想、曲径通幽，这就是"美"。而要达到美的境界，科学家需要有丰富的想象力。如果说，推理能力与逻辑思维有关，那么，想象能力便涉及形象思维的范畴。因此，数学家之所谓"美"，和文学家之所谓"美"，实质上是相互联系的。显然，研究理工的学者，如果没有形象思维能力，缺乏人文情怀，他的成就也只能是有限的。同样，从事文学工作的人，如果只有想象力却缺乏逻辑思维能力，那么，尽管他浮想联翩，说得天花乱坠，终嫌浅薄，乃至于被人讥之为"心灵鸡汤"。

当然，要求学者们把逻辑思维能力和形象思维能力二者贯通，能够像黄际遇教授那样文理兼精、中西并具，能够任教不同的学科，能让两种思维能力水乳交融，在学术上达到发展创新的水平，谈何容易！何况，黄际遇教授曾任多所名校的校长、学院院长，说明他具有出色的行政能力；他又精于棋艺，能以"盲棋"

的方式战胜对手，说明他具有惊人的记忆力；他又是书法名家，能融合各体书艺，自成一格，更说明他具有非凡的审美能力。这一切，在他的身上，包容整合，融会贯通，成就为黄际遇"这一个"的独特风格，这绝非一般人之所能为。但是，高山仰止，景行行止，虽不能至，而心向往之，尽管黄际遇教授的学术造诣，我辈无法企及，但他治学的思想和道路给我们指出了如何有效提升学习水平的方向。

我们从有关资料上得悉，在少年时期，黄际遇教授即饱读诗书，过目不忘，特别精研《后汉书》，在中国古代文学、哲学、史学方面打下了扎实和广博的基础。在留日期间，他和章太炎、陈师曾、黄侃等学者订交，受他们的影响，对音韵学、训诂学、文字学都有深入的研究。固本培元，六艺俱精。而在清末民初，许多青年才俊已经认识到科学救国的重要性，在现代学科越分越细的情况下知道在学习上更需注重专业性。这一来，社会的学习风气，从科举时代提倡培养全才、要求"君子不器"转向"学有专攻"的方向发展。黄际遇教授多次赴日赴美留学考察，均瞄准现代数学，正是当时知识分子学习转型的表现。然而，由于中国的传统文化早就深入地渗透了他的每一个脑细胞，这就使他在现代数学、天文学方面取得辉煌业绩的同时，又在古代文学和语言学方面取得非凡的成就。在学术上，数学的美和文学的美，他各有体悟，又相互促进、相得益彰。可惜，他意外遇溺，逝世过早，他所开创的治学方向，人们还来不及研究和继承。在今天，在需要更进一步研究教育问题的时候，对黄际遇教授治学中西兼备、文理沟通的成功经验，我们应该从中得到启迪、充分发扬，为创造性地增强文化的自信力而奋进。

感谢小安让我读到《黄际遇日记类编》的初校稿。在20世纪50年代中，我初任中大助教时，常和小安、小龙、小芸、小苹四兄妹，在西大球场玩耍，他们竟把我这男青年戏称为"大家姐"。当时，小安还只有一两岁，往往要靠我抱起来，攀扯到单杠的横杠上。转眼间，60多年过去，小安已成为很优秀的摄影家，而且还有了自己的小孙女。使我感佩的是，她和何荫坤先生在退休后决心对祖父遗下的日记进行编勘注释，以便让更多的人知道黄际遇教授在学术上的卓越贡献，让更多的学者能利用这一份具有文献价值的文化遗产进行各方面的研究和探索。由于小安夫妇并非从事文史专业的工作，因此，检索史料、实地查询、注释章典，需要耗费大量的劳动。据我所知，他俩锲而不舍，辛勤地花费了长达整整10年的时间，最终才完成了这项十分繁难的工作，了却其父黄家教先生未了的心愿。现在，这部篇幅宏大的日记能获出版，我想，黄际遇教授在天之灵，定会对后人纪念之诚感到宽慰；广大的读者和学者，也将万分珍视这两位编注者为学坛做出的成果。

2019年2月23日于中山大学中文堂

# 祖父黄际遇事略

◎黄小安

在编注祖父黄际遇日记的过程中，不少前辈均建议应有篇"事略"或"简历"，先让读者有个大概的了解。我们以日记为主，整理的事略大体如下：

祖父黄际遇，字任初。后自号畴盦。

1885年五月十三日（农历）出生于广东省澄海县。父黄韫石（1842—1925年），字梦谿，清贡生，以廉干参与县政者数十年，董澄海县节孝祠事。兄黄际昌（1868—1900年），字荪五，廪膳生（1882年，受知广东学政、侍讲学士叶大焯）。祖父少时依兄受文章。

1898年，应童子试，受知师张百熙（1847—1907年）先生。入秀才，补增生。"先生以戊戌按试粤东。"

1901年，修学于汕头同文学堂，师承温仲和、丘逢甲、姚梓芳等。姚梓芳（1871—1951年），号秋园。两人自始为忘年交。

1902年，考入厦门东亚同文书院，补习日文，为东游计。

1903年，继续负笈厦门东亚同文书院。7月16日，与7位厦门东亚同文书院的潮州籍同学，联袂由汕头乘船赴日本留学。8月，抵达日本，入宏文学校普通科学习。其间，认识陈师曾、经亨颐等，共同赁屋而居并成为至交。

1905年，加入孙中山领导的中国革命同盟会。

1906年，曾习经以度支部右丞奉清廷之命往日本考币制，祖父以乡后进礼接待先生旅次，自始两人结识，并为忘年交。4月，自宏文学校毕业，入东京高等师范学校（今东京大学）数理科，从日本数学家林鹤一博士习数理。学校假期，与陈师曾联袂回乡探亲，并到南京中正街师曾宅进见师曾尊人陈三立，并与师曾六弟陈寅恪订交，"临行，老六以《张濂亭集》为赠，并署曰：'他年相见之券'"。

1908年10月19日，日本政府借《民报》激扬暗杀为理由，下令禁止《民报》发行，并对《民报》编辑人兼发行人章太炎进行审讯、判决和拘留。"先生于是无所得食矣，穷蹙日京曰大冢村者，聚亡命之徒十数人，授以《毛诗》及段注《说文》，月各奉四金为先生膏火，际遇之及先生门自此始也。"其间，与黄侃、汪东、朱希祖等认识。

1910年5月，获东京高等师范学校颁发毕业证书，同时获理学士学位。自日本学成归国。初，受聘于天津高等工业学堂任教。下半年，清政府按照惯例对归国留学生按科举方式进行考试。进京殿试，中格致科举人。

1911年，在京与曾习经、罗瘿公交往。每由津入京，均住在陈师曾处。

1915年，到华中区的国立武昌高等师范学校（今武汉大学）任教授，兼数理部主任，期间一度出任教务长。学生有曾昭安、张云、辛树帜等。寓居武昌期间，与吴我尊、欧阳予倩交往密切。

1919年，黄侃由北京大学转教国立武昌高等师范学校。祖父与黄侃持论不同，却是终身挚友。

1920年，游学美国芝加哥大学，师事 E. H. Moore 大师。

1922年，获芝加哥大学科学硕士学位。学成回国，途经日本，在东北帝国大学见到陈建功，约请陈毕业后到国立武昌高等师范学校任教。从美国回来后，曾一度在国立广东高等师范学校（中山大学前身）任教。

1923年，国立武昌高等师范学校改为国立武昌师范大学，任新成立的数学系系主任。

1924年，陈建功如约到校（当时称国立武昌大学），学生有曾炯之、王福春等。祖父向校方推荐陈建功再次出国深造，并提及黄侃事，"与校长意见相左"，后应河南开封的中州大学（今河南大学）校长张鸿烈之邀，到该校主持数理系兼校务主任。

1926年，奉系军阀盘踞开封，中州大学处于停顿状态。祖父应聘任广州国立中山大学教授。

1928年，经黄敦兹介绍，河南省主席冯玉祥敦请祖父至河南省立中山大学（也称国立第五中山大学，今河南大学）任教。祖父向广州国立中山大学请假，再度北上，任该校数学教授兼校务主任。

1929年，河南省立中山大学校长致函广州国立中山大学，请慨允黄际遇先生留河南中山大学任教。5月，祖父任该校校长，兼河南省教育厅厅长。

1930年3月，中原大战爆发。5月，"罢官河洛"。9月20日，祖父参加国立青岛大学正式成立会议，任该校数学教授兼数学系系主任、理学院院长。在国立青岛大学时，与杨振声、赵太侔、闻一多、梁实秋、陈命凡、刘本钊、方令孺并称为"酒中八仙"。

1932年，国立青岛大学改名为国立山东大学，祖父任数学教授兼数学系系主任、文理学院院长。与文学院张怡荪、姜忠奎、游国恩、闻宥、丁山、舒舍予、萧涤非、彭啸咸、赵少侯、洪深、李茂祥、王国华、罗玉君等，理学院王恒守、任之恭、李珩、王淦昌、蒋丙然、王普、郭贻诚、汤腾汉、傅鹰、陈之霖、胡金钢、王文中、曾省、刘咸、林绍文、秦素美、沙凤护、李达、宋智斋、李先正、杨善基等，以及杜光埙、皮松云、邓初先、郝更生、高梓、宋君复等来往较频繁。其间，与罗常培互订音韵学研究。

1936年1月，山东省政府借故将其每月给国立山东大学的3万元协款压缩为1.5万元，给学校带来很大的经济困难，祖父极感失望。在张云、何衍璿、邹鲁的协助下，祖父于2月13日自青岛启程南归；2月27日回到广州；3月，到国立中山大学（石牌），在理学院、工学院授"微分几何学""连续群论"二课，在中文系授"骈文研究""《说文》研究"二课。在中大期间，校内与黄巽、古直、龙榆生、李沧萍、黄敬思、曾运乾、李雁晴、王越、黄海章、萧锡三、胡体乾、林本侨、刘俊贤、张作人、孔一尘、邹曼支、戴淮清等，校外与陈达夫、林砺儒、杨铁夫、张荃等来往甚密。另外，经何衍璿介绍，结识了"粤东三凤"黄松轩、曾展鸿、钟珍，以及卢辉、冯敬如等当时国内象棋专业高手。

1937年，卢沟桥事变后，日军军机肆意轰炸广州。国立中山大学各学院分散上课，除工学院依旧在五山外，文学院回旧校址（文明路），法学院就附属中学，理学院就小学。祖父因为要为理、工、文三学院授课，故在空袭警报声中于市区、郊区之间往返。

1938年9月，国立中山大学西迁至云南澄江。祖父避难香港。

1940年9月，国立中山大学由云南澄江迁往粤北坪石，祖父重回中大，任数学天文学系系主任，兼授中文系骈文课，又兼任校长张云秘书。

1941年，介绍黄海章重回国立中山大学中文系任教。

1944年4月，以老教授代表衔与代理校长金曾澄、教务长邓植仪欢迎盛成教授到中山大学任教。端午前夕，盛成教授赋诗贺黄际遇六十华寿。

### 甲申端午前夕贺黄际遇教授六十大寿

潮流往后不堪闻，声入心通请寿君。
艾壮韩汀惊岭客，蒲安坪石外溪云。
思家怕过他乡节，饮酒有孚靖塞氛。
醉后自寻仙境路，六经数理妙斯文。

是年夏，日军逼近坪石，理学院组织疏散，第一批教职员家属溯武水至湖南临武县牛头汾圩，临武人士闻知，邀祖父黄际遇到力行学校讲学，主要讲《说文》和古文。秋，李约瑟拜访盛成，盛成约黄际遇等教授一齐欢迎李约瑟。

1945年1月，坪石沦陷，祖父避居临武五帝坪。5月，他重返力行学校。8月，日军投降，抗日战争胜利。10月17日，国立中山大学连县分教处师生自连县起锚返广州。10月21日，舟次清远白庙。凌晨，更衣失足落水，遂罹难。11月，教育部特派员张云、新任校长王星拱、代理校长金曾澄、教务长邓植仪、总务长何春帆联合发起组织治丧委员会。12月16日，国立中山大学在广州市区文明路附属小学礼堂为祖父黄际遇举行追悼会。同时，治丧委员会决定出版黄际遇著作并筹集专项奖学基金。12月23日，国立中山大学潮籍员生联合广州城各机关潮州同乡，再假广州市区文明路附属小学礼堂，为祖父黄际遇等该校潮州籍死难员生举行追悼会。广东省政府委员詹朝阳代表省政府主席罗卓英主祭。

  1947年，中山大学呈请教育部褒扬已故教授黄际遇，经教育部呈行政院转呈国民政府。国民政府特于2月8日颁布褒扬令。褒扬令全文如下："国立中山大学教授黄际遇，志行高洁，学术渊深。生平从事教育，垂四十年，启迪有方，士林共仰。国难期间，随校播迁，辛苦备尝，讲诵不辍。胜利后，归舟返粤，不幸没水横震。良深轸惜，应予明令褒扬，以彰耆宿。此令。"

  1949年，由詹安泰教授、张作人教授等编辑的《黄任初先生文钞》出版，中有张云校长、詹安泰教授序文各一，列为中山大学丛书之一。

# 目　　录

引　言 ……………………………………………………………… 001

《万年山中日记》第一册（1932 年 6 月 10 日—7 月 10 日） ………… 003
《万年山中日记》第二册（1932 年 7 月 16 日—9 月 5 日） ………… 008
《万年山中日记》第三册（1932 年 9 月 13—25 日） ………………… 012
《万年山中日记》第四册（1932 年 9 月 27 日—10 月 17 日） ……… 019
《万年山中日记》第五册（1932 年 10 月 20 日—11 月 3 日） ……… 022
《万年山中日记》第六册（1932 年 11 月 8—18 日） ………………… 026
《万年山中日记》第七册（1932 年 11 月 19—22 日） ……………… 031
《万年山中日记》第八册（1932 年 12 月 12—21 日） ……………… 036
《万年山中日记》第九册（1933 年 2 月 18 日—5 月 2 日） ………… 038
《万年山中日记》第十册（1933 年 5 月 10—25 日） ………………… 045
《万年山中日记》第十一册（1933 年 6 月 1 日—7 月 18 日） ……… 052
《万年山中日记》第十二册（1933 年 10 月 1—30 日） ……………… 056
《万年山中日记》第十三册（1933 年 11 月 11—27 日） …………… 062
《万年山中日记》第十八册（1934 年 4 月 30 日—5 月 13 日） ……… 076
《万年山中日记》第十九册（1934 年 6 月 2 日） …………………… 079
《万年山中日记》第二十册（1934 年 7 月 1 日—8 月 24 日） ……… 080
《万年山中日记》第二十一册（1934 年 8 月 29 日—9 月 21 日） …… 083
《万年山中日记》第二十二册（1934 年 10 月 5—25 日） …………… 090
《万年山中日记》第二十四册（1934 年 11 月 20 日—1935 年 1 月 6 日） … 092
《万年山中日记》第二十五册（1935 年 1 月 11 日—3 月 18 日） …… 095
《万年山中日记》第二十六册（1935 年 3 月 31 日—4 月 28 日） …… 103
《万年山中日记》第二十七册（1935 年 6 月 1—24 日） …………… 108
《不其山馆日记》第二册（1935 年 10 月 11 日—11 月 15 日） ……… 114
《不其山馆日记》第三册（1935 年 11 月 20 日—12 月 29 日） ……… 121
《不其山馆日记》第四册（1936 年 1 月 7 日—2 月 7 日） …………… 130
《因树山馆日记》第一册（1936 年 2 月 25 日—4 月 28 日） ………… 135

《因树山馆日记》第二册(1936年5月6日—6月26日) …………… 139
《因树山馆日记》第三册(1936年7月3日—9月19日) …………… 148
《因树山馆日记》第四册(1936年9月27日—11月4日) …………… 152
《因树山馆日记》第五册(1936年11月17日—12月29日) …………… 167
《因树山馆日记》第七册(1937年3月27日—5月2日) …………… 170
《因树山馆日记》第八册(1937年5月12日—6月25日) …………… 173
《因树山馆日记》第九册(1937年8月13—29日) …………… 175
《因树山馆日记》第十册(1937年10月13日—11月14日) …………… 176
《因树山馆日记》第十一册(1937年12月5日—1938年2月22日) ………… 178
《因树山馆日记》第十二册(1938年3月30日) …………… 185
《因树山馆日记》第十三册(1938年5月21日—8月6日) …………… 186
《因树山馆日记》第十四册(1938年9月3日—10月13日) …………… 200
《因树山馆日记》第十五册(1938年12月19日—1939年2月2日) ………… 205
《因树山馆日记》第十六册(1939年3月15日—6月25日) …………… 207
《山林之牢日记》第一册(1945年3月21日) …………… 214

附录一 ………………………………………………… 吴三立 215
附录二 ………………………………………………… 盛 成 217

后 记 ………………………………………………… 黄小安 219

# 引　言

　　黄际遇曾言："五十学易已为迟，我乃五十未学诗。独抱楹书伤行役，不堪回首趋庭时。"

　　这里的"易"，书名也，《周易》的简称，是中国传统思想文化中自然哲学与伦理实践的根源。"诗"，则是中国古代文艺文字的总称，诗是最古老也是最具有文学特质的文学样式，来源于古代人们的劳动号子和民歌，原是诗与歌的总称。"楹"指楹联（因古时多悬挂于楼堂宅殿的楹柱而得名），又称对联、对偶、门对、春贴、春联、对子、桃符等，其言简意深、对仗工整、平仄协调，被誉为"诗中之诗"，相传始于五代，自宋以来不断推广，作为客室书斋的装饰及庆吊之用，是人们喜闻乐见的一种独特的民族艺术形式。"书"指书法，是一门古老的艺术，中国独特的文化现象，有着特殊的文化特征。"趋庭"，典故名，典出《论语·季氏》。"（孔子）尝独立，鲤趋而过庭。曰：'学诗乎？'对曰：'未也。''不学诗，无以言。'鲤退而学诗。"鲤，孔子之子伯鱼。后因以"趋庭"为承受父教的代称。黄际遇幼承庭训，具有较丰富的中国传统历史文化知识。"五十未学诗"不知是否自谦之词，然"独抱楹书"则是实实在在的事。

　　黄际遇生于清末，鉴于时代的需要，练就了一手扎实的，适应科举制度的，以乌黑、方正、光泽、大小如一为特征的通用字体——馆阁体，虽其艺术性无法超越在唐代已发展至极致的楷书，然亦为他于14岁之年（1898）中试为县学生员做出一定程度之贡献，也为其以颜体为本、兼融诸家，而以书法名世打下深厚的基础。

　　作为书家，黄际遇的书法十有八九结合对联（部分为文章与信札）的形式来展示。对联这一特殊样式的文体，在这里成为书法艺术的重要载体，它包含文体及内容，也包含书写形式的特定款式。它既是书家寄托情思、表达特定人生感受、展示自己人生品位的艺术，又是实用和审美、传承和自律、依附和创造完美结合的形式；更重要的是对时代、对社会的一种倾诉。承载历史信息、见证时代的作品，才会沉雄耐看。黄际遇"独抱楹书伤行役"当是一种真实的写照。

　　多年来，黄际遇把从古代楹联丛书、笔记小说以及当代报刊杂志中择录的认为可诵的对联,"曾经我目"的在坊间流传但可诵的对联,以及他本人自撰的对联,积累集结成名为《畴盦联话》的册子随身携带。可惜该册子现已佚,我们只能掇取散存于其日记的对联,聚拢成本书,并沿用《畴盦联话》之名,虽非原来之《畴盦联话》,然亦存其梗概了。

# 《万年山中日记》第一册

（1932年6月10日—7月10日）

## 1932年6月10日

闻梁启勋<sup>①</sup>言，太炎<sup>②</sup>先生尝出联云："古今三更生，中垒、北江、南海<sup>③</sup>。"历数年始为予友符九铭<sup>④</sup>对出云："世间一长物，孔方、墨哥、佛郎。"<sup>⑤</sup>自是巧妙可喜。

【注释】

①梁启勋：字仲策。广东新会人。20世纪词学家。梁启超最大的弟弟。1893年入广州万木草堂，从学于康有为。后赴美国留学，入哥伦比亚大学学习经济学。时任国立青岛大学中文系讲师。

②太炎：章太炎，原名学乘，字枚叔（以纪念汉代辞赋家枚乘），后易名为炳麟。因反清意识浓厚，慕顾绛（顾炎武）的为人行事而改名为绛，号太炎。世人常称之为"太炎先生"。早年又号"膏兰室主人""刘子骏私淑弟子"等，后自认"民国遗民"。浙江余杭人。清末民初民主革命家、思想家、学者。

③古今三更生，中垒、北江、南海："三更生"指汉代刘向（本名更生，官中垒校尉，世称刘中垒），清代洪亮吉（曾改名更生，号北江，世称北江先生），清末康有为（戊戌变法后流亡海外时曾改名更生，广东南海人，世称康南海）。

④符九铭：符鼎升，字九铭。留学日本东京高等师范学校，曾任广东省教育厅厅长、江西省教育厅厅长、江苏省教育厅厅长、国民政府交通部参事、总务司司长、交通大学校长、行政院秘书次长，1913年当选参议院参议员。

⑤世间一长物，孔方、墨哥、佛郎：孔方即孔方兄，古代对钱币的称呼；墨哥即墨西哥，其时为中国造币；佛郎即法郎，法国货币。又暗喻三教，孔可理解为孔子，儒家创始人；墨可理解为墨子，墨家代表性人物；佛可理解为佛教。

## 1932年6月11日

陆放翁①诗句宜于楹帖,冣②摘如下:
唤客喜倾新熟酒;
读书贪趁欲残灯。
快日明窗闲试墨;
寒泉古鼎自亨③茶。
寻山犹费几两屐;
贮酒真须百斛船。
寻碑野寺云生屦;
送客溪桥雪满衣。
胜偿平日清游愿;
更结来生熟睡缘。
外物不迻方是学;
俗人犹爱未为诗。
莼客④有送人新居联:
五经资人布帛尗⑤粱;
六书辨物规矩准绳。
拟为联自悬之。

【注释】
①陆放翁:陆游,字务观,号放翁。南宋文学家、史学家、爱国诗人。
②冣:同"聚",聚集、积累。
③亨:古同"烹",煮。
④莼客:李慈铭,初名模,字式侯,后改今名,字悉伯,号莼客,室名越缦堂,晚年自署"越缦老人"。晚清官员、文史学家。
⑤尗:同"菽"。

## 1932年6月20日

莼客挽张汝翼联云:
倾襟踰①八稔②,平生风义,谬承师友之间,讵知先我归真,垂死犹闻忧国语;

绕膝乏孤雏，事迹烟云，但付杳冥③而已，所喜殉君有伴，靡笄难得侍书人。（靡笄，摩笄，自戕也。见《史记·赵世家》）

【注释】
①踰：同"逾"。越过，超过。
②稔：年。
③杳冥：指天空，高远之处。

1932 年 6 月 21 日

昨季陈表兄仰周之殁，记余联为：
迹先生孝友，自有千秋，惭余不学无文，表碑难传郭有道；
数同表弟昆，仅余一个，从今子立捧奠，伤心不独柳永州。

1932 年 7 月 1 日

晚饭后仍往一多①处茗谭，泽承②在坐，实秋③后至。一多志笃学高，去世绝远，蒙兹奇诟，势不得不他就矣。《石遗④诗话》一部，一多检还予者，即以为证，重逢之券。坐中庄谐并出。予举厕屋联如：

入来双脚重；
出去一身轻。

工于写实。

沟隘尿流急；
坑深屎落迟。

工于学唐。

泽丞曰："此晚唐之作也。"又举：

大风吹屁股；
冷气入膀胱。

一联，亦复骀宕⑤。

一多新得《青草堂集》，云为燕人赵国华⑥作，黎选《续古文辞类纂》⑦，直隶只此一人，顾名不显于世。一多泰山之行，晤其孙曰显者，以一多能举其所作，言之历历，赵显之狂喜，遂以此集为赠。又闻称述其先祖有曰："先生眇一目，应童子试，与某生文并佳，有习算能轩轾，遂召二童子前，属为谓先生曰：'一眼茫茫竟在诸君以上'，应曰：'众星朗朗难当明月之光'。遂擢先生第一。"一多又谓："先生为文，奇姿闳丽，定盦而后一人而已。"然集中曾无只语及定盦，殆不可解。假归读之，一多之言盖信，为扎记数则而归之。

　　诸君幸接迹而来，勿忘洛水梁园，为自古中邦声名文物；
　　何处有离乡之感，况复齐封鲁壤，是当年康叔兄弟婚姻。
　　　　　　　　　　　　　　　　　　　　——济南河南会馆代

　　一样百花洲，看南浦云来，历下难忘曾子固⑧；
　　重翻九种曲，唱西江月上，樽前最忆蒋清容⑨。
　　　　　　　　　　　　　　　　　　　　——济南江西会馆代

杂撰联语
　　放眼看天大如笠；
　　澄心听水古于桼⑩。
　　肥鱼大酒春无价；
　　铁马银箫月有声。
　　二百年无此作矣；
　　万户侯何足道哉。
　　服古似耕临文似战；
　　践言如券择友如婚。

【注释】

①一多：闻一多，本名闻家骅，字友三。新月派代表诗人和学者。时任国立青岛大学教授兼文学院院长、中文系系主任。

②泽承：游国恩，字泽承。楚辞研究专家、文学史家。时任国立青岛大学中文系讲师。

③实秋：梁实秋，原名梁治华，笔名子佳、秋郎、程淑等。散文家、文学批评家、翻译家。时任国立青岛大学教授兼外国文学系主任、图书馆馆长。

④石遗：陈衍，字叔伊，号石遗。清光绪八年（1882）举人。曾入台湾巡抚刘铭传幕。近代诗人。

⑤跅宕：亦作"跅荡"。无所局限、拘束，放纵。

⑥赵国华：字菁衫，直隶丰润人。清同治癸亥（1863）进士。

⑦黎选《续古文辞类纂》：《续古文辞类纂》，近代文总集。有王先谦编、黎庶昌编两种。黎选《续古文辞类纂》，成书于光绪十五年（1889），共28卷，分上、中、下3编，收文449篇。

⑧曾子固：曾巩，字子固。北宋散文家、史学家、政治家。"唐宋八大家"之一，世称"南丰先生"。

⑨蒋清容：蒋士铨，字心馀、苕生，号藏园，又号清容居士，晚号定甫。清代戏曲家、文学家。精通戏曲，其戏曲创作存《红雪楼九种曲》等49种。

⑩栞：古同"琴"。

## 1932年7月10日

昔随园①悬：
此地有崇山峻岭茂林修竹；
是能读三坟五典八索九丘。
——联语。

【注释】

①随园：位于南京五台山余脉小仓山一带，原为曹雪芹祖上园林，是著名的私家江南园林，清代江南三大名园之一，现地面主体建筑均已不存，仅存遗址。随园其历史最早可追溯至明末的吴应箕焦园，清康熙年间则是江宁织造曹寅家族园林的一部分，曹家的姻亲富察明义曾说随园就是《红楼梦》里的大观园。后归于接任江宁织造的隋赫德，故名"隋织造园""隋园"。清乾隆十三年（1748），袁枚购得此园，名之为"随园"，死后即葬于随园。袁枚，字子才，号简斋，晚年自号"仓山居士""随园主人""随园老人"，清代诗人、散文家、文学评论家。

# 《万年山中日记》第二册
(1932年7月16日—9月5日)

1932年7月16日

漏报尽,山雨满楼,校书既罢,纵读《周家禄①楹联》一卷(《寿恺堂集补编》),横马勒槊,踔厉②湛酣,睨视③李④(笠翁《一家言有联》)、俞⑤(《曲园楹联》),其言犹粪,欲为执鞭,犹当纳贽⑥耳。

婚弟(《尔雅⑦·释亲》:妇之党为婚兄弟,婿之党为姻兄弟)蔡树豪殁于丁卯⑧十六年十一月某日,时余适自武昌归,敛已一日矣,尘劫未忘,复为联补哭之:

伯牛⑨有疾,颜渊⑩无年,我来已迟,惭与巨卿⑪争一恸;
高台未倾,爱妾尚在,弟归何处,空谈元吉自千秋。

原挽云:
二十年游戏人间,胥父母昆弟之言,犁然无间;
卅⑫余日弥留病榻,穷中西针灸之术,命也如何。

【注释】

①周家禄:字彦升,一字蕙修,晚号奥簃老人。近代诗人、文史学家。历署丹徒、镇洋、荆溪、奉贤等县训导,后入吴长庆、张之洞幕,又历主师山书院、白华书塾、湖北武备学堂、南洋公学讲席。

②踔厉:精神振奋,议论纵横。

③睨视:傲视。

④李:指李渔,初名仙侣,后改名渔,字谪凡,号笠翁。明末清初文学家、戏剧家、戏剧理论家、美学家。

⑤俞:指俞樾,字荫甫,自号曲园居士。清末学者、文学家、经学家、古文字学家、书法家。

⑥纳贽:初次拜见长者时馈赠礼物。

⑦《尔雅》:辞书之祖,收集了比较丰富的古代汉语词汇。

⑧丁卯:指1927年。

⑨伯牛：冉耕，字伯牛，世称"冉伯牛"或"冉子"。春秋时期学者、孔子门徒。

⑩颜渊：颜回，尊称颜子，字子渊。春秋末期鲁国人。孔子得意门生。

⑪巨卿：范式，字巨卿，别名氾。《后汉书·独行列传》中有范式和张劭的事迹，两人因此留下了"鸡黍之交"的美名。

⑫卅：多义字。此处意思为四十。

**1932年7月20日**

读《后汉书①·儒林外传》，集句为联②：

遁逃林薮，怀挟图书；

采求阙文，补缀漏逸。

修起太学，稽式古典；

网罗遗逸，博存众家。

居今行古任定祖；（任安③）

说经嗜酒杨子行。（杨政④）

【注释】

①《后汉书》：南朝宋时期的历史学家范晔编撰的记载东汉历史的纪传体史书，与《史记》《汉书》《三国志》合称"前四史"。

②集句为联：集句联可以集诗、集词、集骈文、集碑、集帖、集宗教经典，甚至连成语、白话、俗语，也可集。它是从古今文人的诗词、赋文、碑帖、经典中分别选取两个有关联的句子，按照对联中的声律、对仗、平仄等要求组成联句。

③任安：字定祖。西汉历史人物。

④杨政：字子行，京兆人。杨政年轻时爱好学习，跟随代郡（地名）的范升学习《梁丘易》。他擅长讲说经书。

**1932年7月27日**

以黄香①、许慎②传集联曰：

天下无双黄江夏；

五经第一许汝南。

【注释】

①黄香：字文强。东汉时期官员、孝子，是"二十四孝"中"扇枕温衾"故事的主角。

②许慎：字叔重。东汉经学家、文字学家。作《说文解字》14篇，皆传于世。

## 1932年8月6日

十里香荷初雨后；

一枝红杏报春来。

应平儿索句书楹联付之。

## 1932年9月5日

梁章钜①《楹联丛话》载一庸医曰："求题匾于纪晓岚②，文达为题曰'明远堂'。人问其故，连曰：'不行不行。'言其术之不行也（不行谓不中用也），《论语》云：'不行焉，可谓明也已矣……不行焉，可谓远也已矣。'客笑曰：'然则彼又请为书联，将何以应之。'文达曰：'但颠倒孟浩然③句中二字可矣，曰：不明才（读财）主弃，多故病人疏。'"又集句曰："新鬼烦冤故鬼哭，他生未卜此生休。"可谓极天下之善谑矣。钱泳④《履园丛话》指明远堂事出于蒋心馀⑤，恐未信。

馆汴⑥时张子岱⑦为某照像馆索书，余为题"我相"二字，右读之曰"相我"，颇有隽味。生平集联有偶与前人合者，如壬寅⑧在汕题大峰祖师义冢云：

掩之诚是也；

逝者如斯夫。

壬戌⑨在芜湖题蠖矶山⑩孙夫人塑像云：

有情应识我；

遗恨失吞吴。

在某书见其经为前人所集矣，不谋而同有如此者。

《矮人赞》集四字句而成，妙绝于时，赞曰：衣轻裘长，一身有半，乘肥马如若登天，然死之日，桐棺三寸，及其葬一撮土之多。四方来观者皆曰小人哉。

【注释】

①梁章钜：字闳中，又字茝林，号茝邻，晚号退庵。清代政治家、学者和文学家，楹联学开山之祖。

②纪晓岚：纪昀，字晓岚，一字春帆，晚号石云，道号观弈道人。清代政治家、文学家，乾隆年间官员。曾任《四库全书》总纂官。

③孟浩然：名浩，字浩然，号孟山人，襄州襄阳（现湖北襄阳）人，世称孟襄阳。因他未曾入仕，又被称为孟山人。唐代山水田园派诗人。

④钱泳：原名钱鹤滩，字立群，号台仙，一号梅溪。清代学者、书法家。著有《履园丛话》《履园谭诗》《兰林集》《梅溪诗钞》等。

⑤蒋心馀：指蒋士铨。

⑥汴：指开封。

⑦张子岱：时为中州大学教授。

⑧壬寅：指1902年。

⑨壬戌：指1922年。

⑩蟂矶山：蛟矶古称蟂矶，原是芜湖西南长江中的一座孤岛。相传该矶下有一天然深洞，宽达一丈，深不可测，常年有蛟龙出没，在风雨之夕，作龙吟之状，故而得名蛟矶。蛟矶庙（原名灵泽夫人祠、枭姬祠或蛟矶孙夫人庙），民间俗称蛟矶娘娘庙，位于今安徽芜湖鸠江二坝镇长江岸边的蛟矶山上，为纪念三国时期孙权之妹、刘备之妻孙尚香而建。世传，孙尚香自蜀归吴，中途舟泊蛟矶，闻丈夫刘备病逝，悲痛欲绝，投江自沉而死。后人感其贞烈，将其葬在她生前殉情的蛟矶山上，修蜀望台藏其棺椁，台上建蛟矶庙来纪念这位东吴烈女。蛟矶孙夫人庙历经唐、宋、元、明、清数代，千百年来，香火久盛不衰，百姓敬奉有加，历代题咏褒封不断，文人竞相登临，留下了许许多多的诗词歌赋与文人故事。

# 《万年山中日记》第三册

（1932年9月13—25日）

**1932年9月13日**

集联：
易曰书不尽言言不尽意；
传曰言以足志文以足言。
仰承纵赏山中，游心人外；
信足荡累颐物，娱衷散宾。
始得触兴为诗，凌峰采药；
敬想结庐人境，植杖山阿。
求乞之书如：
分千枝一叶之影即是浓荫；
减四海数滴之泉便为膏泽。
可谓善于词令者矣。

**1932年9月15日**

有《辞谢知县启》曰：
抱璧怀沽难免匹夫之罪；
还珠自叹空成节妇之吟。
用唐张籍[①]《节妇吟》：
知公用心如日月；
事夫誓言同生死。
还君明珠双泪垂；
恨不相逢未嫁时。
语句也。

事对名对，最难浑成，如：
杜陵②之厦千万间，意有大庇寒于天下；
齐王之囿③四十里，不知乃为阱于国中。
天然巧合，且为寒酸者吐气。
父子兄弟，风雅一门，所谓：
弟兄射策，有机云④慷慨之风；
父子谈经，无歆向⑤异同之论。
宋袁光禄（縠）⑥语。为坡所深知。
述怀之句，莫如：
衰怀错落，有秋风鲈鲙之思；
旧学荒凉，无春草池塘之梦。

【注释】
①张籍：字文昌，唐代诗人，世称张水部、张司业。
②杜陵：指杜甫，字子美，自号少陵野老，唐代现实主义诗人。世称杜拾遗、杜工部，也称他为杜少陵、杜草堂。
③齐王之囿：见《孟子·梁惠王下》，曰："寡人之囿，方四十里，民犹以为大，何也？"
④机云：机指陆机，云指陆云。陆机，字士衡，西晋文学家、书法家，其弟陆云也是西晋文学家。
⑤歆向：刘歆与刘向。刘歆，字子骏，汉高祖刘邦四弟楚元王刘交之后，名儒刘向之子，是儒学史上的一个重要人物，后因谋诛王莽事败自杀。
⑥宋袁光禄（縠）：袁縠，字容直，一字公济。宋朝政治人物、词人。

# 1932年9月16日

三条①烛尽，烧残士子之心；
八韵②赋成，惊破试官之胆。
写科场情形如绘。
宰予③昼寝，于予与何诛；
子贡④方人⑤，夫我则不暇。（《容斋四笔》）
《论语》句之妙对者。
客上天然居；
居然天上客。

绝妙回文,久悬绝对。

余因见"人造自来血"右行横匾,得对曰:

人造自来血;

血来自造人。

开封大学某君,遂以"本日大出卖"之市招,得对曰:

本日大出卖;

卖出大日本。

有皮姓名高品者,失口为"皮之不存,品斯下矣"一联,明知口过,然已不胫而走。

余邑中有四如轩及藏脩书屋,秽德彰闻,有为联谑之者。

四如轩云:

切磋琢磨无汝分;

怨慕泣诉是君家。

状赇鬼也。

藏脩书屋云:

藏奸作歹,刀药索(绳也)俱备;

脩钱入银,烟(菸也)茶炭全供。

集俗语而成,孝子并孙,百世不能改也。

【注释】

①三条:指三条路,都城的三条大道,亦泛指都城通衢。《后汉书·班固传》:"披三条之广路,立十二之通门。"李贤注《周礼》:"国方九里,旁三门。"每门有大路,故曰三条。

②八韵:八韵诗,清代科举考试用的一种诗体,又叫试帖诗,与八股文同试。初为五言六韵,后为五言八韵,格式要求极严。

③宰予:字子我,亦称宰我。春秋末年鲁国人,孔子的弟子,"孔门十哲"之一,受儒教祭祀。

④子贡:端木赐,字子贡(古同"子赣"),以字行。春秋末年卫国人。孔子的门生,"孔门十哲"之一。受儒教祭祀。

⑤方人:讥评他人。

1932 年 9 月 17 日

续记谐联数则：
知湖南某县事曰续立人者，有以联嘲之云：
贵姓原来貂不足；
大名倒读豕而啼。（《左传·齐襄公》：见豕人立而啼）
竟以此去官，《楹联丛话》记其事，北谚曰：缺德。曰：够损。口谑伤人，一至如此。
广东苛捐极于粪业公会，谚有句曰：
自古未闻屎有税；
从今只有屁无捐。
怨诽之情，气冲牛斗，述之不暇，作滑稽观也。余每北来人辄问道："南中善政，至于道不拾遗"。余于丁卯①十六年十一月躬逢广州变乱，市人楼居不敢出外，率以报纸裹泄，弃置街渠，无人过问，斯真"道不拾遗"者矣。
刘墉②继正揆席③，人皆呼为小诸城，性滑稽，一日在政事堂早饭，忽朗吟曰：
但使下民无殿屎；
何妨宰相有堂餐。
一坐为之喷饭。见《北江诗话》。
酒酣或化庄生蝶；
饭饱甘为孺子牛。
写狂士溺爱形状如绘。

【注释】
①丁卯：指 1927 年。
②刘墉：字崇如，号石庵。清代政治家、书法家。历任翰林院庶吉士、太原府知府、江宁府知府、内阁学士、体仁阁大学士等职。
③揆席：相位，指宰辅。


1932 年 9 月 18 日

孟昶学士辛寅逊题桃符云：
新年纳余庆；

佳节号长春。

梁章钜《楹联丛话》据以为联对之始。

乐语：

三月三①日岂无水边丽人；

一觞一咏亦有山阴禊事②。

良辰美景赏心乐事四者难并；

崇山峻岭茂林修竹群贤毕至。

【注释】

①三月三：壮族的重大节日之一，统称为"三月三"歌圩。人们到歌圩场上赛歌、赏歌；男女青年对歌，如果双方情投意合，就互赠信物，以为定情。

②禊事：禊祭之事，指三月上巳临水洗濯、祓除不祥的祭祀活动。《兰亭集序》："永和九年，岁在癸丑，暮春之初，会于会稽山阴之兰亭，修禊事也。"

## 1932 年 9 月 20 日

闻赵涤之①述二联，以重字取巧：

回回回回拜回回回回拜回回回回未回回回回回回回拜回回；

老老老老看老老老老看老老老老老老老老老老老老老老看老老。

下联系豆芽铺所用，专以一字重叠而成者：

长长长长长长长；（平仄平仄平平仄）

长长长长长长长。（仄平仄平仄仄平）

调顾不高，总算创格。

【注释】

①赵涤之：时任国立山东大学教授兼工学院土木工程系系主任。

## 1932 年 9 月 21 日

阅杜集录句：

乾坤万里眼；

时序百年心。

## 1932年9月22日

饶瑟僧名汉祥①，军兴为黎总统秘书，文藻秀赡，一时独步。洪宪之朝②，亦有六君子③，杨度其一也。袁亡，度通电有句云：

流言恐惧，上自媲于周公；

归思浩然，窃同情于孟子。

闻者皆忍俊不禁。

《双竹居杂话》：梁任公④《辞勋位启》有句云：

言执戈卫社之义，惟倡义诸将独为其难；

语舍身殉国之功，则死事诸贤宜食其报。

以"执戈卫社"对"舍身殉国"，不知一稷字万不可减却。即云："言执戈卫社稷之义"，"语舍身殉国家之功"。有何不可，乃竟大事割裂，殊不可解。末二句"庶几名器不乱，树风声之大防，亦使素志获全，对影衾而无怍"，尚不失为佳句。

饶瑟僧辞出席善后会议电，末谓：

时非帝汉，敢言田客之高；

身已报韩，窃慕留侯之隐。

颇有弦外之响。

【注释】

①饶瑟僧名汉祥：饶汉祥，字瑟僧、麋提，号质舍先生。民国时期"广济五杰"之一，其余四人为居正、郭泰祺、刘文岛、张导民。

②洪宪之朝：洪宪是袁世凯所创中华帝国的年号。自袁世凯1915年12月25日宣布第二年改元"洪宪"，到1916年3月22日不得不取消帝制，一共做了83天的未正式登基的皇帝。

③亦有六君子：筹安六君子。1915年8月14日，杨度串联孙毓筠、李燮和、胡瑛、刘师培及严复，联名发起成立"筹安会"，以讨论国体问题为名支持袁世凯称帝。孙毓筠、李燮和、胡瑛、刘师培四人都曾参加过同盟会，是名噪一时的革命党。民国五年（1916）六月，袁世凯逝世，临死前大呼"杨度误我！"。

④梁任公：梁启超，字卓如，一字任甫，号任公，又号饮冰室主人、饮冰子、哀时客。

1932年9月23日

　　天和阁联话：宋教仁之被刺也①，蕲水汤化龙②挽以长联，极为沉痛，传诵遍于当时。联云：
　　倘许我作愤激语，谓神州将与先生毅魄俱沉，号哭范巨卿，白马素车无地赴；
　　便降格作利害观，何国人忍把万里长城自坏，凄凉来君叔，抽刀横笔向谁言。
　　闻当日有忌汤者，曾以此联抄送土头皇帝云。按汤化龙，清末湖北议员，民国教育总长，游美亦为刺客所狙，有联寓挽于谑：
　　两总长从解散国会而来，试问南北战争，谁为祸首；
　　三弹丸皆送与英雄消受，谁料东西游历，不获生还。
　　所挽渔父之作，才调独高，出联用后汉来歙③事，歙字君叔，事光武，进攻公孙述，蜀人大惧，使刺客刺杀之，未殊，犹自书表，进段襄可任，乃投笔抽刃而绝。

【注释】
　　①宋教仁之被刺也：宋教仁，字钝初，号渔父。中国"宪政之父"，与黄兴、孙中山并称，主持第一次改组国民党。1913年被暗杀于上海，终年31岁。
　　②蕲水汤化龙：汤化龙，字济武。历任湖北省谘议局议长、湖北省军政府民政总长、南京临时政府陆军部秘书处长、北京临时参议院副议长、众议院议长、教育总长兼学术委员会长。
　　③来歙：字君叔。东汉名将、战略家。

1932年9月25日

　　泽丞同舍郭君新夫妇，皆闽人，余信口撰一联，彼未敢用也，联云：
　　佶骨聱牙①，筚路蓝缕②；
　　钩辀格磔③，夜话晨妆。

【注释】
　　①佶骨聱牙：同"佶屈聱牙"。佶屈：曲折，不顺畅。聱牙：拗嘴，不顺口。
　　②筚路蓝缕：见《左传·宣公十二年》："筚路蓝缕，以启山林。"形容创业的艰苦。
　　③钩辀格磔：鹧鸪的叫声。唐代李群玉《九子坡闻鹧鸪》："正穿诘曲崎岖路，更听钩辀格磔声。"

# 《万年山中日记》第四册

(1932年9月27日—10月17日)

## 1932年9月27日

　　楹书事出《晏子春秋》①，凿楹纳书②以遗子，呈句云："钻既往之响，搜未发之楹。"(《郭仁堂遗文合刻序》)用以表扬务梓，尤为惬当。

　　意兴飘萧，风情零落。前为叠韵，后为双声。摇曳之音之节于此寄焉(《尔疋③·释天》：回风为飘。《诗笺》④云："声成文者，宫商上下相应。"心声之言，即天籁之所托也)。

　　太炎先生壬子⑤在金陵挽诸烈士联云：

　　群盗鼠窃狗偷，死者不瞑目；

　　此地龙蟠虎踞，古人之虚言。

　　语本《三国志》，诸葛亮曰："钟山龙蟠，金陵虎踞，千古帝王之都也。"

　　余十一年自美洲还广州道中所见一联曰：

　　屠狗起家，厕鼠如廪；

　　斗鸡淮右，走马章屋。

　　讥诸将也，意实本章师⑥。

【注释】

①《晏子春秋》：一部记载春秋时期齐国政治家晏婴言行的历史典籍，由史料和民间传说汇编而成。《晏子春秋》经过刘向的整理，共有内、外篇8卷，计215章。

②凿楹纳书：谓藏守书籍以传久远。

③尔疋：疋古同"雅"。《尔疋》亦作《尔雅》。

④诗笺：此处"诗笺"特指《毛诗传笺》一书。

⑤壬子：指1912年。

⑥章师：指章太炎。

1932 年 10 月 1 日

　　挽钱素藁女士联（女士为常州谢觐虞玉岑①室人②，谢君为《女士行略》数千言，情文双绝，予未识谢君，昔年李孟楚③介绍赠联二对，极文人者，古之能事者）：
　　自来未闻词章寿孝之夫妻，既庐杖有文，亦知子真能好古；
　　在我颇究奇耦错综之数理，纵蒺藜茹痛，窃愿使君其勿悲。
　　（《晋书·刘寔传》："字子真，丧妻为庐杖之制，终丧不御内，轻薄笑之，实不为意。"《易》困卦："困于石，据于蒺藜，入于其宫，不见其妻。"此联致脱去常格，而音节究有未至处）

【注释】
①常州谢觐虞玉岑：谢觐虞，初名子楠，又名觐虞，字玉岑，后号孤鸾。江苏常州人。民国词人兼书画家。
②室人：古时称妻妾。
③李孟楚：1921 年夏，李孟楚与同乡金嵘轩、周予同、伍叔傥、薛祀光、洪特民、陈逸人、林炜然、林镜平、李笠（雁晴）等创立"知行社"，用于联络青年知识分子，进行教育普及工作。


1932 年 10 月 5 日

　　悉伯①挽其族父柏塍联至可诵，联云：
　　饮酒寓忧时，从兹坐上虚尊，宗党渐悲耆老尽；
　　课儿如望岁，保得乱余插架，诗书留与后人菑②。

【注释】
①悉伯：指李慈铭。
②菑：初耕的田地。


1932 年 10 月 6 日

　　莼客有句云：
　　日逐淫倡作名士；

身名灭裂同飞埃。
酒肉文章，衣冠优孟①，自昔已然。
【注释】
①优孟：春秋时期楚国宫廷艺人，以优伶为业，名孟，故得名。从小善辩，擅长表演，常谈笑讽谏时事。

## 1932 年 10 月 10 日

挽马府王嫂夫人并唁隽卿兄。家中转到潮阳马隽卿来赴马王夫人之丧，书中有"数十年忧患与共之人"一语，即用原句成联如下：
数十年忧患与共之人，机丝堂下，柳絮庭前，都道孟光能椎髻①；
八九秋草木变衰之日，落叶空阶，高天孤雉，忍看荀令独伤神②。
【注释】
①孟光能椎髻：见"举案齐眉"。孟光，东汉隐士梁鸿之妻，字德曜。椎髻又称"椎结"，古老的发式之一。梁鸿之妻孟光"椎髻，着布衣"，愿与梁鸿俱隐。后以"椎髻"形容为妻贤良，衣饰简朴，与夫共志。
②荀令独伤神：见"荀令伤神"，形容过于伤神。荀令，荀彧，字文若，东汉末年政治家、战略家，曹操统一北方的首席谋臣和功臣。

## 1932 年 10 月 17 日

莼客诗之清远者，如《怀沈晓湖》五律二首云：
五经资人布帛未粟；
六书辨物规矩准绳。
悬诸厅事①，殊觉切实。
【注释】
①厅事：古作"听事"。官署视事问案的厅堂或私人住宅的堂屋。

# 《万年山中日记》第五册
(1932年10月20日—11月3日)

### 1932年10月20日

天和阁联话（二六）
林文忠（则徐）为有清一代名臣。某岁抚苏，陛见归，适嗣子入翰林，或贺一联云：
鸣鹤在阴其子和；
飞鸿还渚我公归。
极堂皇贴切。又福州林文忠祠落成，叶少韩先生，题一堂联云：
中原多事，在昔有人，湘淮未兴，独倚个臣以为命；
天山迤南，蒸民乃粒，水旱犹祭，夫岂吾乡所得私。
亦极得体。

### 1932年10月22日

题柳某像成联一则：
万石君家闻郡国；
五湖老后听子孙。
用《史记·万石君①传》及《货殖传》句应之。
【注释】
①万石君：石奋，字天威，号万石君。西汉大臣。

### 1932年10月23日

晚成挽王伯母联（雁题、雁初、雁洲同母三昆弟一榜茂才①，皆执业②先兄荪五③先生，汉卿行二，翌科亦抡案首，开邑以来未有此盛），尚觉稳切浑成。

勔勖勃助④，王氏四贤，忝属通家，慈训义方知有日；
元恺熊罴⑤，黉门一榜，归告世伯，文章经济两无惭。

【注释】

①茂才：和秀才同义。东汉时为了避讳光武帝刘秀的名字，将秀才改为茂才，后来有时也称秀才为茂才。

②执业：指捧书求教，犹言受业。

③荪五：黄际遇的胞兄黄际昌，字荪五，廪膳生，1900年卒，年三十二。

④勔勖勃助：指王勃的兄弟。王勃，唐代诗人，"初唐四杰"之一。王勃长兄王勔，官至泾州刺史。次兄王勖，历任凤阁舍人、弘文馆学士、天官侍郎。三个弟弟依次为王助、王劼、王劝，皆有文才。

⑤元恺熊罴：传说高辛氏有才子八人，称为"八元"；高阳氏有才子八人，称为"八恺"。"元恺"同"元凯"，见"八元八凯"。

## 1932年10月27日

天和阁联话（二八）

山东闽浙合为同乡，戊子①先君②典试山左③，差竣，东抚张朗斋中丞本浙籍，率僚属公宴于闽浙会馆，嘱为会馆撰楹联，先君为拟一联云：

衡才表东海雄风，小驻朋尊，放眼相期吾党士；
占籍共会稽一郡，相逢冠盖，下车莫忘故乡情。

【注释】

①戊子：指1888年。

②先君：指已故的父亲。

③山左：是山东省旧时的别称。山左中的"山"指太行山。古代，坐北朝南。"坐于"太行山，则太行山左侧为山东省。故也将山东称为"山左"。类似的例子有"江左"，坐北朝南，则长江下游为江左。

## 1932年10月28日

集联：
并有著书咸能自序，（庾信①《哀江南赋·序》）
性本疏惰少无宦情。（《北史·序传》李延寿②曾祖李仲举语）

即以写报杭州李雁晴③。

【注释】

①庾信：字子山，小字兰成。南北朝时期文学家、诗人。其家"七世举秀才""五代有文集"，父亲庾肩吾为南梁中书令，亦以文才闻名。

②李延寿：唐代史学家。贞观年间，做过太子典膳丞、崇贤馆学士，后任御史台主簿，官至符玺郎，兼修国史。曾参加过官修的《隋书》《五代史志》（即《经籍志》）、《晋书》及当朝国史的修撰，还独立撰成《南史》《北史》和《太宗政典》。

③李雁晴：李笠，曾名作孚、乐臣，字雁晴。文献学家、语言文字学家。历任国立广东大学（今中山大学）、中州大学（今河南大学）、厦门大学、私立之江文理学院（即之江大学）、武汉大学、浙江大学龙泉分校、国立英士大学（当时在温州）、上海暨南大学、中央大学（今南京大学）、私立江南大学（在无锡）、南开大学、复旦大学等校中文系教授，并曾兼任中州大学、厦门大学、中山大学、江南大学等大学中文系系主任及厦门大学文学院院长、中山大学研究院语言文学部主任等职。

## 1932 年 10 月 31 日

悫伯同治十二年四十五岁，自为卧室帖子云：
手钞八千余纸，（《北史·崔逞①传》）
臣生四十五年。（《南史·袁昂②传》）
不惟以巧见工也。

【注释】

①崔逞：字叔祖。曹魏中尉崔琰之后，南北朝时期北魏官员。

②袁昂：本名千里，齐武帝改今名，字千里。仕齐至吴兴太守。归梁位司空。谥穆正。

## 1932 年 11 月 2 日

悫伯同治十一年除岁联：
何言汉朴学；
正似楚枝官。（宋景文①语也）
圣代即今多雨露；

新春先有好风光。
（高常侍②、白香山③语也）
又：
甲位孟方应德龙首；
戌成五际捧宠天门。
甲坼一花开玉李；
戌飞双燕入金梁。

**【注释】**

①宋景文：宋祁，字子京，小字选郎。北宋官员、文学家、史学家、词人。谥景文。

②高常侍：高适，字达夫、仲武。唐代边塞诗人，曾任刑部侍郎、散骑常侍、渤海县侯，世称"高常侍"。

③白香山：白居易，字乐天，号香山居士，又号醉吟先生。唐代现实主义诗人。白居易与元稹共同倡导新乐府运动，世称"元白"。

## 1932年11月3日

南丰①诗昌黎②之文云：
并驱六经中，独立千秋后。
可书为联语。

**【注释】**

①南丰：指曾巩。

②昌黎：韩愈，字退之，自称"郡望昌黎"，世称"韩昌黎""昌黎先生"。唐代文学家。

# 《万年山中日记》第六册

（1932年11月8—18日）

## 1932年11月8日

天和阁联话

沈涛园（瑜庆）①中丞嗜左氏学，好谈兵，尤擅长联语。其挽盛杏荪②宫保一联，极脍炙人口，联云：

扪虱话酸辛，煮酒英雄，卿与桓温③生并世；

屠龙娴绝技，趋庭宾客，我知卫国自当年。

杏荪为清末之计臣，有孔桑④之目，而屡为岑春煊⑤所厄，沈联盖有慨乎言。

【注释】

①沈涛园（瑜庆）：沈瑜庆，字志雨，号爱苍、涛园。贵州最后一位巡抚。沈葆桢第四子。清光绪五年（1879），父死，恩赏为候补主事。

②盛杏荪：盛宣怀，字杏荪，又字幼勖、荇生、杏生，号次沂，又号补楼，别署愚斋，晚年自号止叟。清末官员，秀才出身，官办商人、买办，洋务派代表人物，政治家、企业家和慈善家，被誉为"中国实业之父"和"中国商父"。

③桓温：字元子（一作符子）。东晋政治家、军事家、权臣。死后谥号宣武。其子桓玄建立桓楚后，追尊为"宣武皇帝"。

④孔桑：指孔仅和桑弘羊，两者皆西汉治理经济达人。孔仅，西汉大臣、盐铁商、财政家。桑弘羊，洛阳人，西汉政治家、财政大臣，事汉武帝、汉昭帝两朝，历任侍中、大农丞、治粟都尉、大司农、御史大夫等职，因功赐爵左庶长。

⑤岑春煊：字云阶，号炯堂老人，曾用名云霭、春泽。清朝云贵总督岑毓英之子，1885年考取举人，以恩荫入仕。近代史上著名政治人物。

1932 年 11 月 13 日

  悫伯光绪四年，年五十岁，其前岁除夕联云：
放怀一百五日醉；
回头四十九年非。
超俊可诵。
"金门大隐，白首潜郎"一句，短而气舒。"岂有文章惊海内，不将鹅鸭闹比邻。"则悻悻见乎辞矣。
常斟柏叶延年酒；自爱梅花耐冷香。
闲庭花竹皆和气；老境文章总道心。
则冲然以和，诗律渐细，能去得失之念，天地为宽，栗里①高风，景行行止。②

【注释】
①栗里：指陶渊明。庐山温泉北面一里许是陶渊明的故乡栗里。
②景行行止：出自《诗经·小雅·车辖》："高山仰止，景行行止。"

1932 年 11 月 15 日

  悫伯除岁联（光绪四年戊寅①）：
但求投刺皆佳客；
暂自栽花作寓公。
不任忧谗畏讥之思矣。
已有孚象；
卯曰春门。
乃自书吉祥语。《说文》："卯，孚也。""卯为春门，万物已出。"语出《段②注》卯字下。是时其侍姬席氏方孕也。
常爱书窗满晴日；
偶缘客坐得新闻。
随分读书吾事了；
多方种树此心长。
蔼然有道之言，深人无浅语矣。

【注释】
①戊寅：指 1878 年。
②段：段玉裁，字若膺，号懋堂，晚年又号砚北居士、长塘湖居士、侨吴老人。清代文字训诂学家、经学家。

## 1932 年 11 月 16 日

悫伯己卯①（光绪五年）除岁联（大门）云：
春生门巷传佳语；
老恋京华读异书。
能写出京师令人可恋处。
客坐云：
轩窗燕坐亦堪画；
宾主清谈多入诗。
室户云：
履展随宜见经济；
草花无处不精神。
句法秀逸而已。

【注释】
①己卯：指 1879 年。

## 1932 年 11 月 17 日

悫伯挽樊云门①尊人鉴亭②总戎联云：
述祖缵麒麟，自束发从戎，遍历蛮烟瘴雨，百战致旌摩，赢得谤书盈箧，定远生还，空看苔卧绿枪，尘埋金甲，让群儿熟胙封侯，洒泪湘天，未了枕戈遗恨在；
传家有熊骥，以立身为教，分治朱或顾文，双声叶翁博，讵知珠树遍凋，僧弥独秀，刚喜玉堂香惹，花悬春生，待百里艺兰视膳，惊心风木，尚迟奉榭讣音来。
又为敦夫③代撰云：
系籍掌欤飞，杀贼立功，继建和门旗鼓，乃世将道家所忌，归去骑驴，间招旧部渔樵翠峡，花前同一醉；

感恩仍士伍，读书教子，不求杜曲桑麻，幸文明武节兼施，和声鸣鹤，讵料蓬山出入灵椿，天上已春秋。

宜昌陈梅曾为余言，云门之父官至提督，而受辱于某文士，愤而弃官，归督其子女读书。夏日则设大帐共坐，其中有弛读者则涕泣曰："汝独不为汝父雪武人受侮之耻乎。"有子如云门，可以无憾。④观于李联云，云梅生不妄言也。

录悫伯家训楹联于此：
多积德，多读书，多吃亏，以多为贵；
寡意气，寡言语，寡嗜好，欲寡未能。

【注释】
①樊云门：樊增祥，原名樊嘉，又名樊增，字嘉父，别字樊山，号云门，晚号天琴老人。清代官员、文学家。光绪进士，历任渭南知县、陕西布政使、护理两江总督。
②鉴亭：樊燮，字子重，号鉴亭。湖北恩施人，清军永州镇总兵。
③敦夫：秦恩复，字近光，号敦夫。清代藏书家、文字家、校勘家。
④有子如云门，可以无憾：咸丰九年（1859），当时左宗棠仅有举人功名（后破格御赐"进士"），在骆秉章处为幕友时，总兵樊燮来访，樊燮认为左宗棠只是幕友，故拒绝叩拜行礼，左宗棠自认为是骆秉章的代表人，相当有气派，对轻慢于他的樊燮非常不悦，举脚便踢，大骂"王八蛋，滚出去！"樊燮气极而向咸丰帝弹劾，却因潘祖荫等人支持左宗棠，樊燮反而被朝廷罢黜。樊燮大怒："伊区区孝廉尔，可气焰如此！"返乡后，在先人牌位旁边，写下"王八蛋滚出去"六个字之木牌，名为"洗辱牌"。并聘请名师教导其两儿子，要求两儿子超越只有举人功名的左宗棠，为父报复。且命令两儿子有所成就前须身穿女装，以作激励："考秀才进学，脱外女服；中举人，脱内女服；中进士，焚洗辱牌，告先人以无罪。"后樊次子樊增祥高中光绪三年（1877）丁丑科进士，焚烧洗辱牌以告慰当时已作古的樊燮，已有后人在功名上压倒左宗棠。

## 1932年11月18日

悫伯挽王益吾①太夫人联云：
茹蘗补彤编，溯一生昼荻劬劳，合六堂胄子笙诗，同斟寿斝；
含饴盼黄壤，愿此后艺兰蕃衍，继三世国师家法，追慰亲心。

周荇翁集《汉书》刘向②传赞，《后汉书》郑康成③语为楹帖赠忞伯云：

直谅多闻，古之益友；

经传洽孰，称为纯儒。

【注释】

①王益吾：王先谦，字益吾，因宅名葵园，学人称为"葵园先生"。清末史学家、经学家、训诂学家、实业家。

②刘向：原名更生。西汉经学家、目录学家、文学家。

③郑康成：郑玄，字康成。东汉末年儒家学者、经学大师。

# 《万年山中日记》第七册

（1932年11月19—22日）

1932年11月19日

门人张希曾（校长）以其尊人瑞甫先生丧来赴，《哀启》述其善医，晚年失明。书联寄汴：

活人未计钱，扶杖不忘鲤庭训；

封阡已有表，祭酒共数牛医儿。

（用《后书·黄宪①传》语。《四六丛话》引笔记云："古人语自有推拙不可掩者。"沈约②云：黄宪牛医之子，未度名动京师）

恧伯联二则：

挽潘绂丈云：

致仕历三朝，享八坐鼎钟，依然寒素，方冀大椿不老，有奉亲枢辅，宫花常照莱衣，颇闻禁省参承，帝祝长年，每问起居添喜色；

缔交承两世，数卅年文酒，倏尔星霜，争传仲蔚闲居，邻履道园亭，径草时延藜杖，讵料人天俄顷，公归前夕，犹来书札似平生。

挽朱肯夫③云：

平步致青云，方看阁纶代掌，踵谢王诸老而兴，讵知礼殿谈经，遽见绯衣归玉局；

盟心期白水，相慨越纽文衰，振黄邵先贤之绪，何意牙琴绝响，空余翕布老金门。

（谢木斋④、王海日⑤、黄梨洲⑥、邵南江⑦）

【注释】

①黄宪：字未度，号征君。东汉名士。世贫贱，父为牛医，而宪以学行见重于时。宪初举孝廉，又辟公府，暂到京师而还，竟无所就，年四十八，天下号曰徵君。

②沈约：字休文。南朝史学家、文学家。

③朱肯夫：朱迺然，字肯夫，亦字肯甫，号味莲，室名孱守斋。清同治

元年（1862）进士。受翰林编修，督湖南、四川学政，所致有声。

④谢木斋：谢迁，字于乔，号木斋，明代大臣。明宪宗成化十一年（1475）状元，嘉靖朝一品大学士。

⑤王海日：王华，字德辉，号实庵，晚号海日翁。曾就读于龙泉山中，学者又称他为"龙山先生"。明宪宗成化十七年（1481）辛丑科进士第一人。授翰林院修撰，历任翰林院学士、詹事府右春坊右谕德、詹事府少詹事、礼部右侍郎，正德初年晋礼部左侍郎、南京吏部尚书。

⑥黄梨洲：黄宗羲，字太冲，一字德冰，号南雷，别号梨洲老人、梨洲山人、蓝水渔人、鱼澄洞主、双瀑院长、古藏室史臣等。明末清初经学家、史学家、思想家、地理学家、天文历算学家、教育家。

⑦邵南江：邵晋涵，字与桐，号二云，又号南江。清代史学家、经学家。

## 1932年11月20日

再录悫伯联：

挽陈汝翼云：

倾襟逾八稔，平生风义，谬承师友之间，讵知先我归真，垂死犹闻忧国语；

绕膝乏孤雏，事迹烟云，同付杳冥而已，所喜殉君有伴，靡笄难得侍书人。

## 1932年11月21日

悫伯杂联选录：

光绪甲申①除岁大门云：

已去官犹题户部；

更生人亦过新年。

（时悫伯主讲天津北学书院，久有投簪之意）

客坐云：

佳客偶来还扫榻；

好花开处亦临窗。

内堂云：

柳丝花影留春坞；

经卷炉香逸老堂。

乙酉②除岁大门云：

帝里尚容方外客；

我生再见岁朝春。

（自注：明年元旦立春，自道光己丑余生之岁后今再见也）

客次③云：

偶问客年惊我老；

常闻僧寺报花开。

（自注：集宋人周益公④、王元之⑤句）

中厅云：

一室经纶在花竹；

四时忧乐验阴晴。

丙戌⑥申除岁大门云：

时人谓是我宅；

父老何自为郎。

门柱云：

丁期添赋；

亥有疑年。

听事云：

藏书粗足五千卷；

开岁便称六十翁。

中堂云：

纵谈万古古长在；

约食一家心太平。

内室云：

杏花倚日桃和霭；

杨柳生梯竹有孙。

【注释】

①甲申：指1884年。

②乙酉：指1885年。

③客次：接待宾客的处所。

④周益公：周必大，字子充，一字洪道，自号平园老叟。别称周益公、周文忠、周平园。南宋政治家、文学家，"庐陵四忠"之一。

⑤王元之：王禹偁，字元之。北宋白体诗人、散文家、史学家。
⑥丙戌：指1886年。

## 1932年11月22日

恧伯光绪丁亥①除岁联：
大门云：
自觉闭门多岁月；
祇惭报国托文章。
客次云：
漫云拄腹五千卷；
已是平头六十人。
中堂云：
圣代即今多雨露；
逸妻相共老烟霞。
（集唐人句）
挽其夫人联云：
自幼育重闱，到老分歧无一语；
平生遗万憾，盖棺营奠已虚文。
又云：
莫景泣么弦，风霜惨淡人间世；
空房怆遗挂，灯火凄迷佛影堂。
读之使人凄感。
挽何竟山②云：
两世递论交，自燕闽分手廿年，辍俸刻文知敬礼；
一官遽委化，祇金石归装千里，遗书辑录继明诚。
为傅之范书联语：
中原礼乐思微管；
江左风流欲废庄。
冬至录放翁句
家贫轻过节；
身老怯增年。

【注释】

①丁亥：指 1887 年。

②何竟山：何徵，字竟山，号心伯。清代书画家。官为福建郡丞。长于金石之学，有《思古斋双钩汉碑篆额》传世。

# 《万年山中日记》第八册

（1932年12月12—21日）

**1932年12月12日**

常州周毓莘（伊耕）督学以母丧来赴，伊耕东京同学，尝招至武昌教席，朴厚可友，为联寄之：

唯太君备险阻艰难，以兴邦之道克其家，教育桑麻，典型宛在；
视菽子掌楢轩版册，谓孝亲之大为报国，汝坟华黍，风化油然。

**1932年12月19日**

午归，发同人帖八十件，此次本不拟发帖，因泽丞言之甚力，谓虞礼①为吉礼，五礼之首，今日尚存此意于东南海陬，可谓礼失而求诸野。预拟联语数则：

三虞之祭；
五世其昌。
既葬而封，如岗如陵；
以虞易奠，来假来飨。
速返而虞，吾从其至者；
归复于土，气无不之也。
茹苦训心折荩励志；
封阡木表虞乐安神。
日中而虞，已迟期年之后；
轮高可隐，长依四尺之封。
口泽犹存焉耳，踟蹰当年画荻教；
魂气无不之也，彷徨三祭凿楹书。
横额：寝成孔安。

【注释】

①虞礼：指《士虞礼》，讲述的是士既葬其父母后返回殡宫而举行的安魂礼。所谓"虞"，就是"安"的意思，安者，安神也。因此，如果说《士丧礼》和《既夕礼》旨在送形而往的话，那么，《士虞礼》则旨在迎神而返。

## 1932年12月21日

泽丞送联：
仪范炳千秋，穆穆皇皇，允矣精灵如在；
烝尝昭百祀，跄跄济济，报之介福无疆。

杜毅伯、张怡荪、闻在宥、沈从文、姜忠奎（叔明）、游国恩（泽丞）诸同人送缎幛一幅、联一对，联云：
画荻毓贤才，风雨天涯，时过高斋寻末度；
音徽归肇祀，松楸垄上，愿从澄海拜泷冈。

# 《万年山中日记》第九册

(1933年2月18日—5月2日)

1933年2月18日

  旅怀跌荡，思趣较灵，口占挽联数则：

  蔡忠杰俊卿，予之邱嫂弟也，未冠已补博士弟子员①，尤工小楷，翩翩佳公子也，中岁坎坷不偶，历走南洋、日本，誓不归家。予屡晤之行旅中，规劝无效。晚年就申②上文牍薄职，不足言温饱，壬申③除夕殁于客次，年甫六十。身后萧然，薄棺以敛，奋可为予言之，若有余憾焉，幸乡人饮助④有加，不日将归柩故里云。余挽之：

  珠江矮屋，岛户草茵，接席之间见素心，邈焉先生，曩日屐裙，伊可怀也；

  星市鹭文，申潮橐笔，故乡此去无多路，行矣元伯⑤，先人封垄，宛在望兮。

  代奋可挽联：

  识先生于淮海风尘间，十载呴濡，草草劳人春似梦；

  夺贤者于饧鼓喧声里，一棺落莫，沉沉凄雨夜如年。

  代黄思敬作：

  一身去国三千里；

  尺剑乘槎⑥六十年。

【注释】

①弟子员：明清时期对县学生员的称谓。

②申：指上海。

③壬申：指1932年。

④饮助：帮助、资助。

⑤元伯：张劭，字元伯。东汉时期名士。《后汉书·独行列传》中记载了他与范式两人的事迹，因此留下了"鸡黍之交"的美名。

⑥乘槎：亦作"乘楂"。典出晋张华《博物志》卷十，指乘坐竹筏、木筏，后用以此喻奉使，又比喻为入朝做官。

## 1933年4月10日

午子春①、绎言②宿中国饭店,来电话邀往共饭,方自西湖归来,行将南旋也,夜为书联:

金陵王气在;

海国怒潮高。

我欲乘槎归去;

臣是天子呼来。

偶然踪迹成蹊径;

毕竟诗书有宿缘。

分赠之,并转致何衍璿③一帧于羊城④。又书联:

文章憎命达;

江湖秋水多。(贻奋可)

天地有正气;

钟声无是非。(贻其煌)

投笔倦甚,偃几而卧。

【注释】

①子春:张云,字子春。广东开平人。天文学家。时任广州国立中山大学教授、数学天文系系主任。主要从事食双星、物理变星的测光,造父变星的统计和脉动理论等研究,是我国变量研究的开创者。

②绎言:黄巽,字绎言,时任广州国立中山大学物理学系教授兼系主任。

③何衍璿:广东高明人。近代教育家、数学家。1935年中国数学会创立时,何衍璿被选为理事。曾任广州国立中山大学数学天文系教授兼系主任、理学院院长,云南大学理学院院长。

④羊城:指广州。

## 1933年4月13日

晚为谢献瑞书联云:

烟云供几席;

屐杖自春秋。

## 1933年4月16日

杂阅《两般秋雨盦随笔》，聊以永日，节记数则：
大儿孔文举①，小儿杨德祖②；
前身陶彭泽③，后身韦苏州④。
以东坡⑤诗对祢衡⑥传，天然比偶，此联相传已久。晋竹⑦谓其家大人所作，不知然否，以地名人论礼无隆于此者。潮人呼妾眷不以名者，动以其所生地呼之，可为失笑。
秦地关河一百二；
汉家离宫三十六。
骆宾王咏古诗也，人以为是算博士⑧诗。
每日更忙须一到；
夜深还自点灯来。
程师孟⑨咏所筑堂诗也，人以为是登浑诗。
予偶成联云：
天下之才十斗；
处子窥臣三年。
斯真算博士矣。
又云：
天下之才子建⑩得八斗；
东邻处子窥臣者三年。
吴县周茂才以丰有句云：
晚风吹雨百花残，不典绨袍买醉难。
还是去衣还去酒，费人斟酌是春寒。
押寒字，风致特佳。
杭人观潮例于八月十八日，盖因宋时以是日教演水军，倾城仕女无不往观，非谓江潮独大于是日也。阮云台⑪宫保为浙江监临，于行台中题一对云：
下笔千言，是槐子黄时，木犀香候；
出门一笑，正西湖月满，东海涛来。
何等风流兴会。
又宫保于江西百花洲一对云：
枫叶荻花秋瑟瑟；

间云潭影日悠悠。

既切江西又合风景（云台对二则）。

子建之才八斗，我得一斗，天下共分一斗。论斗分才，奇矣。

有曹姓人为彭泽令，有赠联云：

二分山色三分水；

五斗功名八斗才。

运典恰切。（八斗五元）

欲把西湖比西子；

从来佳茗似佳人。

集坡诗恰切，可入《西湖志余》。（集苏）

挽联不知起于何时，古但有挽词而已，即或有脍炙二句者，亦其项腹联耳。《石林燕语》⑫载韩康公⑬得解、过省、殿试皆第三人，后为相，四迁皆在熙宁⑭中，苏子容⑮挽云：

三登庆历三人第；

四入熙宁四辅中。

此则是挽联之体矣。（挽联）

【注释】

①孔文举：孔融，字文举。东汉末年文学家，"建安七子"之一。

②杨德祖：杨修，字德祖。东汉末年文学家。任丞相府主簿。

③陶彭泽：陶渊明，字元亮，又名潜，私谥"靖节"，世称"靖节先生"。东晋末至南朝宋初期诗人、辞赋家，被称为"古今隐逸诗人之宗"，著有《陶渊明集》。

④韦苏州：韦应物，唐代诗人。因出任过苏州刺史，世称"韦苏州"。

⑤东坡：苏轼，字子瞻，又字和仲，号东坡居士，世称"苏东坡"。北宋文学家、书法家，"唐宋八大家"之一。

⑥祢衡：字正平。东汉末年名士。个性恃才傲物，终因恶口招杀身之祸。

⑦晋竹：梁绍壬，字应来，号晋竹。酒国巨擘，生于乾隆末年，官至内阁中书，工诗，有《两般秋雨盦随笔》等传世。

⑧算博士：骆宾王的戏称，因其善于以数字为对而得名。骆宾王，字观光，唐代诗人。

⑨程师孟：字公辟，号正议。北宋时期诗人、旅游家、水利家、文官。书法家米芾说："程师孟以文学登科，以政绩升迁，以言语折服敌人，以恬退告老。"

⑩子建：曹植，字子建。曹操与武宣卞皇后所生第三子，生前曾为陈王，去世后谥号"思"，因此又称陈思王。

⑪阮云台：阮元，字伯元，号云台、雷塘庵主，晚号怡性老人。清代著作家、刊刻家、思想家，一代文宗。

⑫《石林燕语》：为"宋代史料笔记丛书"之一种，共计10卷，记叙朝章国典、旧闻时事，朝野故事足以资考，补史缺。宋代叶梦得撰。叶梦得，字少蕴，号石林居士。

⑬韩康公：韩绛，字子华。北宋大臣，参知政事韩亿第三子，太子太保韩缜之兄。

⑭熙宁：北宋时宋神宗赵顼的一个年号。

⑮苏子容：苏颂，字子容。北宋中期宰相，天文学家、天文机械制造家、药物学家。

# 1933年4月18日

查初白①咏拂水山庄②有曰：
生不并时怜我晚；
死无他恨惜公迟。
独得温柔敦厚之旨，写出柳如是③心事，天下才人一同俯首④矣。（拂水山庄）
有人六赴乡闱仅得一副榜，有句云：
祁山事业怜诸葛⑤；
博浪功名笑子房⑥。
运典大方。
又仁和缪莲仙艮《下第诗》有句云：
妻子望他龙虎日；
功名于我马牛风。
亦极工趣。按牛顺风而奔，马逆风则疾。（副车下第）
纪晓岚云：门联唐末已有之，蜀辛寅逊为孟昶题桃符：
新年纳余庆；
嘉节号长春。
二语是也。（按此联乃昶自作）

【注释】

①查初白：查慎行，初名嗣琏，字夏重，号查田；后改名慎行，字悔余，号他山，赐号烟波钓徒，晚年居于初白庵，所以又称查初白。清代诗人。其族叔查继佐为清初文字狱案庄廷鑨"明史案"首告者之一，当代著名作家金庸先祖。

②拂水山庄：在今江苏常熟虞山镇，为前明朝礼部尚书钱谦益的庄园。

③柳如是：女诗人，本名杨爱，字如是，又称"河东君"，因读宋朝辛弃疾《贺新郎》中"我见青山多妩媚，料青山见我应如是"，故自号如是。

④俯首：犹低头。

⑤诸葛：诸葛亮，字孔明，号卧龙（也作"伏龙"）。三国时期蜀汉丞相、政治家、军事家、散文家、书法家、发明家。

⑥子房：张良，字子房。秦末汉初杰出的谋士、大臣，与韩信、萧何并称为"汉初三杰"。

## 1933年4月26日

书挽联：

有子为弓裘喆嗣；

先生是六一畴人。

寄欧树文。

## 1933年4月29日

细数落花因坐久；

为寻芳草却归迟。

王荆公①句也。

时间观念与数之概念有不能尽用文学处。人识骆宾王好以数目为对，号算博士，因戏拟二联：

三百六日五斗酒；

二十四番一年风。

天下之才子建八斗；

东邻处子窥臣三年。

【注释】
①王荆公：王安石，字介甫，号半山。北宋思想家、政治家、文学家、改革家。

## 1933年5月2日

  人问泽丞"文学与科学"一讲如何，泽丞曰："神采奕奕，气象万千。"索余为算博士之对，则往应之曰："喜气洋洋，礼仪三百。"旋易为："大风泱泱，礼仪三百。"
  旧传成句集对：
  唯女子与小人为难养也；
  有寡妇见鳏夫而欲嫁之。
  夫子若有不豫色然；
  先生为何出此言也。
  坟典邱索能读；
  刚毅木讷近仁。
  万物皆备于我，
  一介不取诸人。
  皆极工。

# 《万年山中日记》第十册

（1933 年 5 月 10—25 日）

## 1933 年 5 月 10 日

卧阅《世说新语》①二卷，成联一则：
无事痛饮酒；
不才熟读骚。
取王孝伯②言"名士不必须奇才，但使常得无事痛饮酒，熟读《离骚》，便可称名士"之意。或作七言联：
但使常得痛饮酒；
不必须才熟读骚。

【注释】

①《世说新语》：作者是刘义庆等人。《世说新语》又名《世语》，主要是记录魏晋名士的逸闻轶事和玄言清谈，也可以说是一部记录魏晋风流的故事集，是魏晋南北朝时期"笔记小说"的代表作，是我国最早的一部文言志人小说集。

②王孝伯：王恭，字孝伯，小字阿宁。东晋大臣、外戚。

## 1933 年 5 月 11 日

集毛诗①为联：
不识不知，顺帝之则；
无小无大，从公于迈。
此河间所谓"书中语无不可成对者"。

【注释】

①毛诗：指西汉时鲁国毛亨和赵国毛苌所辑和注的古文《诗》，也就是现在流行于世的《诗经》。东汉经学家郑玄曾为《毛诗故训传》作"笺"，至唐

代孔颖达作《毛诗正义》。

### 1933年5月19日

阳明①手轴有云：

影响尚疑朱仲晦②；

支离羞作郑康成。

则心学之言，不作边际者。

日来用心过度，胸膈微痛，夜深不敢就寝，以《四六丛话》为下酒之需，因得句云：

古来燕赵之间，素多慷慨悲歌奇士；

此去海滨在望，或遇采薇垂钓其人。

又云：

有上马杀贼，下马草露布之才；

无鲁人猎较，孔子亦猎较之暇。

（语自刘潜夫"有谪仙人骏马名姬豪放之风，无杜陵老残杯冷炙悲辛之态"脱胎）

季刚③有"运丁百六强支持"之句，《容斋随笔》④云："芝山寺，僧致建华严阁，为作《劝缘疏》。"未一联云：

大善知识五十三，永壮人天之仰；

寒食清明一百六，鼎来道俗之观。

或问一百六所出，应之曰，元微之⑤《连昌宫词》：

初过寒食一百六；

店舍无烟宫自绿。

予又成算博士联云：

一百六日寒食节；

二十四番花信风。

程子山作《酒榜其间》一联云：

一月二十有九日，笑人世之太狂；

百年三万六千场，客我生之长醉。

《野客丛书》："其言疏旷甚矣。"

调摄之后，就睡尚安，士曰鸡鸣，昧旦而起。

【注释】

①阳明：王守仁，幼名云，字伯安，别号阳明。因曾筑室于会稽山阳明洞，自号阳明子，学者称之为"阳明先生"，亦称王阳明。明代思想家、文学家、哲学家和军事家。

②朱仲晦：唐代诗人，著有《答王无功问故园》。

③季刚：黄侃，初名乔鼐，后更名为乔馨，最后改为侃，字季刚，又字季子，晚年自号量守居士。辛亥革命先驱、语言文字学家。1905年留学日本，在东京师事章太炎，授小学、经学，为章氏门下大弟子。曾在北京大学、国立中央大学、金陵大学、山西大学等任教授。

④《容斋随笔》：南宋洪迈著的史料笔记，被历史学家公认为研究宋代历史必读之书。该书与沈括的《梦溪笔谈》、王应麟的《困学纪闻》成为宋代三大最有学术价值的笔记。

⑤元微之：元稹，字微之。唐代诗人。

## 1933年5月20日

"雁过长空，影沈寒水，雁无遗踪之意，水无留影之情。"（僧宝传）绝妙出世语。又秦少游①口闻端师子②道高，请升座。端以手自指曰：

天上无双月，人间只一僧；

一堂风冷淡，千古意分明。

亦不食人间烟火者。

【注释】

①秦少游：秦观，字少游，一字太虚。别号邗沟居士，学者称其为淮海居士。北宋文学家、词人，被尊为婉约派一代词宗。

②端师子：净端，俗姓邱，字表明，自号安闲和尚。肄业吴山解空讲院，顿契心法，乃从仁岳法师受公《楞严》要旨。参宝觉齐岳禅师得悟。见弄狮子者，丛林号为端师子。

## 1933年5月21日

为工友书联：

天上无双月；

人间有畸儒。

大儿孔文举小儿杨德祖，原对前身①后身韦苏州。可对为：
远惭荀奉倩②；
近愧刘真长③。
（王子敬语：刘惔，真长，丹阳尹）
偶成联曰：
此中最是难测地；（顾和始语）
先生不知何许人。

【注释】
①原著有缺字。
②荀奉倩：荀粲，字奉倩。三国时期曹魏玄学家，东汉名臣荀彧幼子。
③刘真长：刘惔，字真长。东晋清谈家。晋陵太守刘耽之子。刘惔被视为永和名士的风流之宗，是当时清谈的主力干将。历任司徒左长史、侍中、丹阳尹等职，故后世称其为"刘尹"。

## 1933年5月24日

陈锐①《裒碧斋联话》有宋芸子②联：
美人帐下犹歌舞；
寡妇门前是非多。
对仗极工。
杨度③挽王湘绮④联亦佳：
旷代圣人才，能以消摇通世法；
平生帝王学，至今颠沛负师门。
时晳子以洪宪负谤，而壬秋⑤亦通电劝进，有"衰朽余生重睹天日"之语，章师《与刘揆一⑥书》（宣统元年在东⑦）有云："王翁曩岁尝在肃顺、曾国藩间，去而弗有与屠沽养卒处，天下高之。今直为夸者，树其私门，藉勿从事，徒以誉望卵翼鄙夫，令得自肆，已自丧矣。"然则所谓能以消摇通世法者何在也？
陈锐挽薛次申⑧观察（原注：薛以贵游，甫四十六疽发背死，二妾一守一殉，洵可哀矣）联，尚贴切：
行年才子厚，发病类范增，肮脏不堪，尊前尽短英雄气；
关盼合居楼，绿珠先坠地，平生已矣，泉下应无寂寞时。
余挽表兄陈仰周联云：

迹先生行谊，别有千秋，愧予谫学无文，表碑难传郭有道；
叹同怀弟昆，仅余一个，从今子立捧奠，伤心不独柳永州。
诘旨甚哀，不能自克。
沈向荣需次直隶岁除榜门曰：
风流楚水狂歌客；
冰冷燕山候补官。
冷气袭人竟以此。
试署云：
但觉眼前生意满；
须知世上苦人多。
山东抚署榜为楹联有上条，陈者可改上联生字为主，下联苦字为若以赠之。
谐联一则
洪宪二君子，顾鳌⑨薛大可⑩；
摩登五条件，潘驴邓小闲。⑪
未知明年在何处；（记系东坡语）
何可一日无此君。（王子猷⑫语）
的是妙对。
梁实秋尝往里人某吸烟，主人不在，狂吸而归，翌日答一联云：
过门不敢题凡鸟；
看竹何须问主人。
是慧语。
泉自流时流起；
峰从飞处飞来。
从钟士季⑬"闻所闻而来，见所见而去"二语换骨，是以自问自答了之，亦即以答非所问了之。绝妙机锋是"几时孟光接了梁鸿案"，究竟是几时，原来问得莫名其妙，你"这一问更妙了"，慧哉颦卿也。
昂昂若千里之驹；
泛泛若水中之凫。
《离骚》语也，王子猷谓即七言诗。按《伐檀章》"胡取禾三百廛兮，胡取禾三百亿兮，胡取禾三百囷兮"，亦七言也。
"未闻巢由买山而隐"可对"何有名士终日妄语"。（王眉子⑭语）

【注释】
①陈锐：字伯弢，亦字伯涛，谱名盛松，号袌碧。清末湖湘诗派和湖湘

词派的重要代表人物。"湘西三才子"之一，与易顺鼎、王以慜齐名。

②宋芸子：宋育仁，字芸子，晚年号道复。早期资产阶级改良主义思想家，被誉为四川历史上"睁眼看世界"第一人，重庆维新运动倡导者。

③杨度：原名承瓒，字皙子；后改名度，别号虎公、虎禅，又号虎禅师、虎头陀、释虎。清末反对礼教派的主要人物之一。

④王湘绮：王闿运，字壬秋，又字壬父，号湘绮，世称"湘绮先生"。晚清经学家、文学家。

⑤壬秋：指王闿运。

⑥刘揆一：字霖生。光绪二十九年（1903）春，自费留学日本与黄兴结识，民国五年（1916）六月，袁世凯死后，黎元洪继任总统，刘揆一一度担任国会议员，直到国会解散。

⑦东：指日本。

⑧薛次申：薛华培，字次申，号枕经书屋主人。是陈宝箴在戊戌年六月十八日向光绪所推荐的杨锐、刘光第等十七人之一。

⑨顾鳌：字巨六。清朝及民国时期政治人物、律师。

⑩薛大可：字子奇。薛大可在民国年间是报界名人，他与刘少少、黄远庸同为报坛怪杰。

⑪潘驴邓小闲：古书中比喻男人"捱光"的五个条件。现指男人吸引女人的五大要素，或指男人追女人需具备的五个条件。

⑫王子猷：王徽之，字子猷。东晋名士、书法家，书圣王羲之第五子。

⑬钟士季：钟会，字士季。三国时期魏国名将、书法家。太傅钟繇之幼子，青州刺史钟毓之弟。

⑭王眉子：王玄，字眉子。王衍之子，王澄的侄儿，少慕简旷，亦有俊才，与卫玠齐名。

## 1933年5月25日

近九十四岁之马相伯①与章太炎联名通电中有曰：
欲专恃长城则无秦皇之力；
欲偷为和议并无秦桧之才。
老人家尚有生气。
接见都为投刺客；
相亲总是直肠人。
为文自古称三上；

作赋于中可十年。

一望便知所题何处,"三上"见欧阳修②《归田录》云:"余生所作文章,多在三上,马上、枕上、厕上也。"

有束书高阁,时或一至,至而望望然去之者,拟题其门云:

从何处读起;

无所谓而来。

【注释】

①马相伯:原名马志德,圣名若瑟,又名钦善、建常、绍良,字斯藏,又字相伯、湘伯、芗伯,以字行,别署求在我者,晚号华封老人。著名教育家、复旦大学创始人、震旦大学首任校长、爱国人士。

②欧阳修:字永叔,号醉翁、六一居士。北宋政治家、文学家。

# 《万年山中日记》第十一册

(1933年6月1日—7月18日)

## 1933年6月1日

无事可读韵书,鄱阳善悟;
为文须略识字,昌黎有言。

## 1933年6月3日

泽丞口述"四书"①句一对:
行不得则反求诸己;
人之患在好为人师。
【注释】
①四书:又称四子书,是《论语》《孟子》《大学》《中庸》的合称。

## 1933年7月1日

夜苦思数联(挽陈硕友亲家)至鸡鸣:
特设一榻,去则悬之,海内存知己,天涯若比邻,如弟如兄,死友难忘陈仲举①;
(用徐稚②传句)
行矣元伯,永从此辞,此别间黄泉,相知成白首(工部③《哭李尚书之芳》④),不封不树,生刍⑤谁识徐南州。
(林宗⑥有母忧,稚往吊之,置生刍一束于庐前而去,众怪不知其故,林宗曰:"此必南州高士徐孺子也。"语在《徐稚传》,死友生刍,工巧而不失之纤佻,昔人传先生与后生为绝对,不知视此为何如)
南州景岳,群高文正之风,器最不才,亦忝称东床坦腹⑦;

（王逸少⑧事）

北海趋庭，未受桥君之学，公乎安往，何处向西土招魂。

（《后汉书·桥玄⑨传》："玄字公祖，七世祖仁从同郡戴德学，著《礼记章句》四十九篇，号桥君学。"又《三国志·周瑜传》："桥公两女皆国色也。"⑩）

即射覆评棋品酒而言，王瞻⑪以还三绝技；

（事见六月六日记）

负急公好义孚信之行，范公⑫而后一秀才。

【注释】

①陈仲举：陈蕃，字仲举。东汉时期名臣，与窦武、刘淑合称"三君"。

②徐稚：徐穉，字孺子。东汉时期名士，世称"南州高士"。

③工部：指杜甫。

④李尚书之芳：李之芳，蒋王李恽曾孙，蔡国公煌孙。有令誉，安禄山奏为范阳司马。禄山反，自拔归京师。拜礼部尚书，改太子宾客。

⑤生刍：亦作"生荔"。郭林宗母丧，徐稚放一束鲜草在她墓前表示祭奠。后遂用生刍、束刍、生刍一束、生刍致祭、生刍奠、生刍吊、置刍等指对死者的祭奠，表示赞美死者的德行。

⑥林宗：郭泰，范晔为避父范泰讳于《后汉书》作郭太，字林宗。东汉时期名士，与许劭并称"许郭"，被誉为"介休三贤"之一。

⑦东床坦腹：代指女婿。

⑧王逸少：王羲之，字逸少，为司徒王导之侄。祖父王正，曾做过尚书郎。后泛指美少年。

⑨桥玄：字公祖。东汉时期名臣。

⑩桥公两女皆国色也：后世盛传东汉末年的江东美女大乔、小乔为汉太尉桥玄之女。《三国志·吴书九》中记载的"桥公"或为汉太尉桥玄。

⑪王瞻：字思范。东晋宰相王导之后，宋太保王弘从孙也。高祖每称瞻有三术，射、棋、酒也。

⑫范公：范仲淹，字希文。北宋思想家、政治家、军事家、文学家。

## 1933 年 7 月 9 日

泽丞述一挽联：

疾岂不可为绝技，医流无扁鹊①；

贪谁相与守孤楼，庑下念梁鸿②。

（借扁鹊配梁鸿是借对法）

【注释】

①扁鹊：姬姓，秦氏，名缓，字越人，又号卢医。春秋战国时期名医。

②梁鸿：东汉梁鸿与妻孟光相敬如宾，后以"梁鸿"喻指丈夫，亦喻贤夫。

## 1933年7月18日

陈寅恪①所为谐联传诵一时，题《新月》②（一种新文学杂志）云：

都是新时髦者；

何须月下老人。

傅孟真③云：

斯人也而有斯疾也；

年大时不如年少时。

（用《后汉书·孔融传》语意，融十岁随父（宙）诣京城时，河南尹李膺以简重自居，不妄接宾客，敕外自非当世名人及与通家皆不得白，融曰："先君孔子与君先人李老君同德比义而相师友。则融与君累世通家。"众坐莫不叹息，大夫陈炜后至，坐中以告，炜曰："夫人小而聪，大未必奇。"融应声曰："观君所言，将不早惠乎。"膺大笑曰："高明必为伟器。"惠应是慧）

罗家伦④云：

不成家数科学玄学；

语无伦次中文洋文。

济济众委员，为几个折腰钱斯文扫地；

堂堂省政府，挂一片裹脚布臭气薰天。

此民十六七年时河南、陕西政事也，一指清洁运动，一指天足会而言。

【注释】

①陈寅恪：字鹤寿。近代历史学家、古典文学研究家、语言学家、诗人。与叶企孙、潘光旦、梅贻琦一起被称为清华大学百年历史上"四大哲人"；与吕思勉、陈垣、钱穆并称"前辈史学四大家"。先后任职于清华大学、西南联大、广西大学、燕京大学、中山大学等。

②《新月》：徐志摩主编的《新月》杂志，是20世纪20年代末期影响较大的一个文学社团。这个文学社团的前身是1923年北京的新月社，先以聚餐

会形式出现，后来发展为俱乐部。参加者有梁启超、胡适、徐志摩、余上沅、丁西林、林徽因等人。社名是徐志摩依据泰戈尔诗集《新月集》而起。

③傅孟真：傅斯年，初字梦簪，字孟真。历史学家、古典文学研究专家、教育家、学术领导人。五四运动学生领袖之一，中央研究院历史语言研究所的创办者。

④罗家伦：字志希，笔名毅。五四运动的命名者。教育家、思想家、社会活动家。

# 《万年山中日记》第十二册
### （1933年10月1—30日）

## 1933年10月1日

录存联数则。
曾涤生挽汤海秋①云：
著书垂数百万言才未尽也；
得访遍九州四海名亦随之。
民国初年长沙"文正祠"改为"烈士祠②"，有赠联云：
烈士壮心犹未已；
丞相祠堂何处寻。
语本天成，妙手得之耳。又有"四月黄梅天；三星白兰地"者，字字正对，均可存之作也。

【注释】
①曾涤生挽汤海秋：曾涤生即曾国藩，初名子城，字伯涵，号涤生。汤海秋即汤鹏，字海秋，自号浮邱子。汤海秋与曾国藩是同乡好友，又一起做京官，但因闹过矛盾，后来割袍断义，谁也不理谁。《祭汤海秋文》是曾国藩悼念汤鹏的一篇祭文。
②烈士祠：长沙烈士祠。民国时为纪念辛亥烈士而立。

## 1933年10月4日

构联哭黄上舍鸾阁：
君之孝行，月旦皆碑，誓墓负相期，送死养生遗隐痛；
我所兄事，晨星可数，登高异曩日，倾河倒海哭斯人。

## 1933年10月6日

友朋多嗜痂成癖，麇聚一室执管齐吹，有集句为联云：
重帘不卷留香久；
短笛无腔信口吹。
亦自成趣。

## 1933年10月7日

集联一则：
世有达人，门有通德；
乡曰高阳，里曰居巢。

## 1933年10月8日

"与子同消一局棋"与"此生能著几两屐"作对。

## 1933年10月13日

垂老不获一衿①者，遇考时仍称童生②，顾尚有"四书白文"未成诵者，有嘲以联云：
行年八十犹称童，斯真寿考；
到老四书犹未熟，不愧书生。

【注释】

①衿：古代服装下连到前襟的衣领。青衿，代称秀才。

②童生：明清的科举制度，凡是习举业的读书人，不管年龄大小，未考取生员（秀才）资格之前，都称为童生或儒童。

## 1933年10月17日

黄景仁①仲则殁于乾隆四十八年癸卯②（四月二十五日），今百五十年矣，卒年仅三十有五。洪稚存③为网纪其丧，所挽联云：

噩耗到三更，寡母孤妻唯我托；

炎天走千里，素车白马送君归。

死友交情，片言毕举，至《出关与毕侍郎》一笺尤令人读之呜咽。

【注释】

①黄景仁：字汉镛，一字仲则，号鹿菲子。宋朝诗人黄庭坚后裔，清代诗人、文学家。

②癸卯：指1783年。

③洪稚存：洪亮吉，初名莲，又名礼吉，字君直，一字稚存，号北江，晚号更生居士。清代经学家、文学家。

## 1933年10月18日

云溪①之耗又至也，每有良朋，况也永叹，况死生之大哉，联以哭之：

衡门之下②，倏尔③八年，暗淡谢时评，底事方干不第，罗隐无名，从先生者坐若春风，抵死晏如④，书来犹辩古丧制；

（方干，唐新定人，貌寝缺唇，有司不与科名，殁后，宰臣张文斋奏文人不第者十五人，干与其数，追赐及第。罗隐，五代吴越新城人，貌寝，十上不中第，能诗）

东野之官，萧然一尉，凋零伤异客，为念北海倾尊，鳣堂⑤问字，彼君子兮化同秋草，此生已矣，论者以方汉弘农。

日晡，走示泽丞，推敲数字，泽丞辄为见其深处。复见代人吊惨死者一联：

正气树风声，尽有典型留后死；

杀机满天地，相煎箕豆到先生。

亦尚稳贴。（泽丞勖⑥以老学，君子爱人以德也）

余谓不如书现成十四字：

恒言自古皆有死；

民到于今称先生。

【注释】

①云溪：黄云溪，黄际遇广东澄海乡人，清代秀才，后长期任黄家私塾先生。

②衡门之下：出自《诗经·陈风·衡门》："衡门之下，可以栖迟。"

③俄尔：常形容时间短暂。
④晏如：安然自若的样子。
⑤鳣堂：古时讲学之所。
⑥勖：古同"勉励"。

## 1933年10月20日

郑不来矣；

秦少恩哉。

系秦会之①、郑宣相谑之语（《老学庵笔记》②），可转赠闽人某。

有烟馆主人纳少艾③，某落拓名士为撰联云：

五十新郎十五新娘，天数五地数五；

两三好友三两好士，益者三损者三。

记尚有歌语，然即此已不恶，卒为有力者所拔赏云。

《困学纪闻》④载徐渊子《上梁文》云："林木翳然，便有濠濮间想；清风飒至，自谓羲皇上人。"初寮启云：

得知千载，正赖古书；

作吏一行，便废此事。

可书为楹联悬之。

"尔为尔我为我"可对"驴非驴马非马"（汉西域传），"乌不乌鹊不鹊"（战国策），"狐非狐貉非貉"（后魏宣武孝明民间谣），"君不君臣不臣"。

【注释】

①秦会之：秦桧，字会之。南宋奸臣，主和派代表人物。

②《老学庵笔记》：南宋陆游撰，10卷。内容多是作者或亲历或亲见或亲闻之事，是宋人笔记丛中的佼佼者。《老学庵笔记》以其镜湖岸边的"老学庵"书斋得名，书斋的命名乃"取'师旷老而学如秉烛夜行'之语"。

③少艾：指年轻美丽的女子。

④《困学纪闻》：是南宋学者王应麟所撰札记考证性质的学术专著，内容涉及传统学术的各个方面，其中以论述经学为重点。

## 1933年10月23日

孙莲士所作未见。恧伯称其才锋横厉，文章精丽，今观其自挽一联云：

与诸君总有相逢,却先尔断绝贪痴,脱离苦恼;
知此别今将焉往,应容我随缘风月,选胜江山。

洵清才也。

悫伯挽之云:

期许共千秋,太社名山凡商略,环中事业,岂料膏兰易竭,既诔传周朗,琴剧王微数平生,烂漫题襟,转眼已悲同调尽;

(周朗、王微均南朝来人,朗好奇雅有风义,居丧无礼,为有司所纠。微善文工书,终日端坐,坐处独净)

缔交逾十载,燕云粤海隔苍凉,劫后星霜,只今邛距偕归,遽我泣皋鱼,君伤贾鹏剩后死,搜罗残锦,呕心留车世人看。

## 1933 年 10 月 25 日

悫伯挽业医者陈丹愫联云:

呕血完丹经,恨三十载垂帘设肆,未有成书,但平生抗志古人,儋石无储,高士岂惭方术传;

游魂归碧落,想九万里捉尘凌云,垂堪一笑,只频日伤怀知旧,寝门致哭,相公争及爷衣交。

其生动处全在上联,但字一转,下联"只"字一顿,故虽长而不觉板滞。

## 1933 年 10 月 28 日

构占一联挽曹母任太宜人,太宜人曹理卿①之母,仲丹初季敏溪固始人,皆馆中州时素交,夫妇年寿俱登八十六岁,子四人,各服宦山东,有差洵老福也。联云:

设帐到中州,识勔勔劻劻,一门四贤,唯义训有方,花县群霑众母范;

享年跻大耄,看子孙曾玄,五叶齐茂,况封翁健在,人间几见两游仙。

【注释】

①曹理卿:名明銮,字理卿。1923—1929 年任中州大学、河南国立开封中山大学(均为河南大学前身)理科主任兼化学系主任、教授,是河南大学理科的创建人。在担任中州大学教授期间,与冯友兰、张震东一齐被称为"中州大学三杰"。

1933 年 10 月 30 日

徐志摩①死于飞机，同死者机师及一客人。有联云：

一人升天，三人同命；

五体投地，四大皆空。

【注释】

①徐志摩：现代诗人、散文家。原名章垿，字槱森，留学英国时改名志摩。徐志摩是新月派代表诗人，新月诗社成员。

# 《万年山中日记》第十三册

（1933年11月11—27日）

## 1933年11月11日

杂记联话以自娱熙①：
我本楚狂人，五岳寻仙（山）不辞远；
地犹鄹氏邑，万方多难此登临。
此彭刚直（玉麟）②登泰山联也，久已脍炙人口。
镇江魁果肃（玉）③祠云：
我辈复登临，旧业已随征战尽；
大江流日夜，天风还送海潮来。
琼州苏东坡祠联云：
西望峨嵋峰，东将入海随烟雾；
仍怜五海水，好似飞鸿踏雪泥。
皆集句之佳者。
湘人（长沙）王梦湘④太守（以慜）题任城太白楼云：
青天骑白龙，我欲因之梦吴城；
长风送秋雁，对此可以酣高楼。
狼山绝顶望海楼云：
窗静鸟窥禅，心是主人身是客；
山虚风落石，天漫绝顶海漫根。
庐山玉帘泉磨崖云：
揉胸生层云，炯如一段清水出万壑；
濯足弄沧海，上有六龙回日之高标。
信如陈锐所云：
敏才艳藻；
回出香屑。
集竹垞吟之上者。

扬州平山堂伊墨卿⑤手书一联云：

过江诸山，在此堂下；

太守之乐，与从宾欢。

又有曰：

衔远山，吞长江，其西南诸峰林壑尤美；

送夕阳，迎素月，当春夏之交草木际天。

不免空泛。

西湖苏小小墓⑥之：

桃花流水杳然去；

油壁香车不再逢。

京师陶然亭⑦之：

珠帘暮卷西山雨；

阁道回看上苑花。（王梦湘作）

则清脆可诵。

江宁旧藩署传为故明中山王府，闻今瞻园⑧犹存一联曰：

大江东去，浪淘尽千古英雄，问槛外青山，山外白云，何处是唐宫汉阙；

小苑春回，莺唤起一庭佳丽，看池边绿树，树边红雨，此间有舜日尧天。

凭吊之文，感人者易也。

金陵夫子庙⑨前茶馆一联云：

何曾风月减当年，试泉煮雨花，看九曲河流，六朝山色；

恰好楼台刚近水，更溪环烟柳，在乌衣巷口，朱雀桥边。

与上联寄意相同，特就小题发挥耳。

莫愁湖胜棋楼祀曾文正⑩云：

笠屐我重来，风月依然，湖娃学打花边浆；

古今棋一局，江山无恙，国手能生死后碁。（《说文》作棊⑪）

应景而已。

【注释】

①熙：古同"嬉"，嬉戏。

②彭刚直（玉麟）：彭玉麟，字雪琴，号退省庵主人、吟香外史。清代政治家、军事家、书画家。人称"雪帅"。与曾国藩、左宗棠并称"大清三杰"，与曾国藩、左宗棠、胡林翼并称"中兴四大名臣"，是湘军水师创建者、中国近代海军奠基人。

③魁果肃（玉）：魁玉，字时若，姓富察氏。满洲镶红旗人。由二品荫生

授骁骑校尉、佐领、协领。

④王梦湘：王以慜，又名以敏，字梦湘，又字子捷。清代官员、学者。一生命运多舛，事业上不得志，遂肆力于诗词。

⑤伊墨卿：伊秉绶，字祖似，号墨卿，晚号默庵。福建汀州府宁化县人，故人又称"伊汀州"。清代书法家。

⑥苏小小墓：指慕才亭，位于杭州西湖西泠桥畔。苏小小，六朝南齐时歌伎。家住钱塘（今浙江杭州）。貌绝青楼，才技超群，当时莫不称丽。常坐油壁香车，年十九咯血而死，终葬于西泠之坞。后人于墓上覆建慕才亭，为来吊唁的人遮蔽风雨。

⑦陶然亭：清代名亭，现为"四大历史名亭"之一。清康熙三十四年（1695），工部郎中江藻奉命监理黑窑厂，他在慈悲庵西部构筑了一座小亭，并取白居易诗"更待菊黄家酿熟，与君一醉一陶然"句中的"陶然"二字为亭命名。东向门柱上悬"似闻陶令开三径，来与弥陀共一龛"。此联是林则徐书写。旧联无存，现在的楹联是由当代书法家黄苗子重书。亭间分别悬挂"慧眼光中，开半亩红莲碧沼；烟花象外，坐一堂白月清风"。现在对联是现代书法家康雍书写。"烟藏古寺无人到，榻倚深堂有月来"，此联是翁方纲所撰，光绪年间慈悲庵的住持僧静明请光绪皇帝的老师翁同龢重写。

⑧瞻园：位于南京市秦淮区夫子庙秦淮风光带核心区，是南京现存历史最久的明代古典园林，是"江南四大名园"之一，其历史可追溯至明太祖朱元璋称帝前的吴王府，后赐予中山王徐达的府邸花园，素以假山著称，以欧阳修诗"瞻望玉堂，如在天上"而命名，明代被称为"南都第一园"。

⑨金陵夫子庙：指南京孔庙、南京文庙、文宣王庙，位于南京市秦淮区秦淮河北岸贡院街，江南贡院以西，为供奉祭祀孔子之地。

⑩曾文正：指曾国藩。

⑪棊：同"棋"。

## 1933年11月14日

忽忆前句云：
眉间化佛，不难蕉树之身；
指上竖禅，未绝藕丝之痛。
桃花有影，明月无香；
带水拖泥，合眼一笑。

## 1933年11月19日

午后正课已毕,从叔明假《武进胡君复①集联汇选》,摭其无者录之。

子谓之姑徐徐云尔;

某何为是栖栖者与。(缪莲仙②)

未有小人而仁者也;

然则夫子既圣矣乎。

正惟弟子不能学也;

然则圣人且有过与。(以上汤春生)

鲁人猎较,孔子亦猎较;

君子中庸,小人反中庸。(汪勉斋)

夫子若有不豫色然;

先生何为出此言也。(吴梅村③)

学无古训时乃大训;

德无常师主善为师。(吴小岩集《尚书》)

作公应继王太保④;(《宋书·自序》)

生子当如孙仲谋⑤。(《吴志·吴主传注》)

若读书不减班固⑥;(《晋书·殷仲文传》)

此生活胜似焦先⑦。(《魏书·胡叟传》)

为文须略识字;(昌黎)

终身不复鼓琴。(《史记》。陈曼生⑧、郭频伽⑨合作)

凡为人譬如鼠矣;(《史记·李斯⑩传》)

见老子其犹龙耶。(《史记·老韩列传》⑪)

羊真孔草萧行范篆⑫;(《法书要录》引袁昂语)

刘略班艺虞志荀录⑬。(《梁书·王僧孺⑭传》)

以上近人集经史诸子。

帛什理于是山作金五千斤救百姓;

小夫人以两手捋乳五百道向千儿。(梁山舟⑮集《水经注》)

前身陶彭泽;

低首谢宣城⑯。(延桂山)

大儿孔文举,小儿杨德祖;

东家刘伯伦⑰,西家王无功⑱。

大儿孔文举，小儿杨德祖；(《祢衡传》)
前身陶彭泽，后身韦苏州。(东坡诗)
行万里路读万卷书；
掷一声钵成一首诗。(延桂山)
随遇而安因树为屋；
会心不远开门见山。
天半朱霞云中白鹤；
山间明月江上清风。(以上余小霞)
语快南薰酒酣北海；(百榖夏日饮伎)
门无投刺庭有落花。(东坡诗)
看日蚤晚；(《南史·刘湛[19]传》)
与时浮沈。(《南史·循吏传》)
十鼠争穴；(《南史·梁武帝纪》)
三马同槽[20]。(《三国志》)
为尔寂寂；(《南史·王融[21]传》)
对此芒芒。(《世说》[22])
弹棋发八势；(《南史·王敬弘[23]传》)
下笔累千言。
僧虔书无第三品；(《南史·王僧虔[24]传》)
柳恽才足分十人。(《南史·柳恽[25]传》)
比肩三年不共语；(《南史·萧惠开[26]传》)
受诏二刻便成诗。(《南史·谢徵[27]传》)
此辈且宜束之阁；(《世说》)
诸君何为入我帏。(《世说》)
如此风神惟须饮酒；(《北史·卢元明[28]传》)
既佳光景当得剧棋。(《南史·羊玄保[29]传》)
音律书酒少壮三好；(《南史·萧琛[30]传》)
儒玄文史太始四科。(《南史·宋文帝[31]纪》)
日对千人不犯一讳；
坐拥万卷何假百城。(《北史·李谧[32]传》)
大才士会须能作赋；(《北史·魏收[33]传》)
小人辈都不可为缘。(《世说》)
每对惠连辄有佳语；(《南史·谢灵运[34]传》)

不如方回故是常奴。(《世说》)
目尽毫厘心穷筹算;(《南史·祖冲之[35]传》)
门传钟鼎家誓山河。
十步之间必有芳草;(《南史·隋炀帝[36]传》)
八月晚望常见浮槎。(《博物志》)
王思道能作大家貌笑;(《世说》)
韩伯林乃为小女子知。(《后汉书》)
人地高华拟金山万丈;(《南史·朱异[37]传》)
书迹滥劣饮墨水一升。(《隋书·礼仪志》)
一月常教二十九日醉;(《南史·孔觊[38]传》)
百年须笑三万六千场。(本苏诗)
岂无种秫田,不了曲糵事;(《世说》)
试看随阳雁,各有稻粱谋。(杜诗)
人谓二百年以来无此诗笔;(《南史·谢朓[39]传》)
月食四斗米不尽有何宦情。(《南史·何胤[40]传》)
李谐善用三短,因瘿而举臣,因謇而徐言,因跛而缓步;(《北史·李谐[41]传》)
宋主喜狎群臣,号齞者缺齿,号䫏者俭奢,号羊者多须。(《南史·宋孝武帝[42]纪》)
一官一集;(《南史·王筠[43]传》)
五掷五卢。(《南史·李安人[44]传》)
赌碁得郡;(《南史·羊玄保传》)
探筹取州。(《北史·王勇[45]传》)
卿自用卿法;(《世说》)
吾亦爱吾庐。(《陶诗》)
不欲与竞者竞;(《南史·王敬弘传》)
常耻为文士文。(《南史·范晔[46]传》)
坐间惟识沈家令;(《南史·沈约传》)
海外亦知萧侍中。(《南史·萧子云[47]传》)
名士只须痛饮酒;(《世说》)
好官不过多得钱。(《宋史》)
阮嗣宗胸中块垒;(《世说》)
褚季野皮里阳秋。(《世说》)

高帝子孙尽龙种；(《杜诗》)
周家兄弟若蜂腰。(《南史·周宏直传》)
思怀所通不翅儒域；(《世说》)
明德之后必有达人。(《左传》)
彼以少许胜人多许；(《世说》)
物虽无情运者有情。(《世说》)
刘季都关中得百二；
孙策以天下为三分。(《庾开府[48]集》)
未知一生当著几两屐；(《世说》)
共饮斗酒恰有三百钱。(《杜诗》)
我若无卿，亦一时之杰；(《南史·谢庄[49]传》)
臣虽不肖，兼数子之长。(《汉书》)
上马击贼，下马草露布；(《北史·傅永[50]传》)
左手执板，右手执孝经。(《北史·冯亮[51]传》)
读杨椿书，除我心腹疾；(《北史·杨椿[52]传》)
吟孙楚句，增人伉俪情。(《世说》)
风动春朝月明秋夜；(《南史·萧子显[53]传》)
夏设饮扇冬有笼炉。(《南史·梁南平王萧伟[54]传》)
邱公仕既不进，才复退矣；(《南史·邱灵鞠[55]传》)
韩子动而得谤，名亦随之。
床头见数表书，便以学问相许；(《宋书·王微[56]传》)
宅边有五柳树，尝著文章自娱。(《南史·陶潜传》)

上贵筑杨调元和甫采缀南北史为俪言，八代本史一律采用，其有难于索睬者则借它书以足之，而取材于《晋书》及《世说》较多，间不少剪裁就范贪多骛广，兹取其二十之一而已。

有生感哀乐；
暂此浣苓氛。
杯酒淡弥永；
文章老更工。
幽寻得兹赏；
素襟遂所期。
开襟话曩畅；
抗志希古贤。

对之喜失笑；
怀古耿难平。
出门浅游瞩；
得地堪攀高。
农经鱼簿平生事；
药里茶囊检点清。
勉持清白相赠答；
愿蓄光采培根源。
山气花香无著处；
笔床茶灶暂安居。
酒阑兴发更张烛；
帘垂茶熟卧看书。
发愤陈书互切砺；
退闲结习尚风骚。
各占山城理清啸；
自和冰雪写新诗。
翠满湖菱红满树；
云绕春山水绕亭。
以上孝威集越缦诗。
夜覆阅梁茞林㊼《楹联三话》㊽。
姚亮甫中丞挽徐晴圃中丞云：
琐闼臆肩随，宦迹东西，投老刚欣逢旧雨；
黄垆惊腹痛，朋欢零落，怆怀何处数晨星。
肩随腹痛，旧雨晨星，信手拈来，熨贴无比。
卢抱经㊾学士终于常州之龙城书院，有挽联云：
当代经师，郑康成，马扶风，抗前贤为伍；
此间旅殡，荀兰陵，苏玉局，得夫子而三。
既工且切，不传撰人。
汪少海（仲洋）以诗人为循吏，所遇多穷，卒于钱塘任内，有挽联云：
文章惊海内，诗酒满天涯，二十年湖上勾留，身去名存，除却欧苏无此福；
薄宦感焦桐，佳人悲锦瑟，七千里蜀中怅望，才丰命啬，剧怜李杜亦终穷。

亦才人之笔也。

近人有为庶母三年服者，制联云：

慈母如母，贵父之命也；

顾我复我，育子之勤斯。

有挽其庶妻者云：

媵随妻来，转令我思妹子；

母以子贵，居然婢作夫人。

此联本难著语，"我思妹子"是李后主祭周后文中语，见马令《南唐书》。

夜来作字稍多，畏眠多梦，虽不早衰，亦见力尽。

【注释】

①胡君复：民国时任职于上海商务印书馆。编辑出版的《集联汇选初集》《集联汇选二集》《古今联语汇选初集》《古今联语汇选二集》《古今联语汇选三集》《古今联语汇选四集》《古今联语汇选补集》等联书，是近代规模最大的联语集成本，对保存楹联和书法资料具有重要意义。其本人亦擅楹对，功力颇深。

②缪莲仙：名缪艮，字兼山，因为仰慕李白，故又号莲仙子。清朝乾隆年间的人，工诗文，尤工小词，锦口绣心，别具风流，有元人气味，有《文章游戏》四编。

③吴梅村：吴伟业，字骏公，号梅村，别署鹿樵生、灌隐主人、大云道人。明末清初著名诗人，与钱谦益、龚鼎孳并称"江左三大家"，又为娄东诗派开创者。

④王太保：王弘，字休元。南朝宋大臣，书法家。卒于官，赠太保、中书监，谥号文昭，配食武帝庙庭。

⑤孙仲谋：孙权，字仲谋。三国时期东吴的建立者。

⑥班固：字孟坚。东汉史学家、文学家。

⑦焦先：字孝然。汉末隐士。见汉室衰，遂不语。露首赤足，结草为庐，食草饮水，饥则为人佣作，不冠不履，魏国建立，太守贾穆、董经均往探视，与食不食，与语不语。平时不践邪径，见妇人即避去，不取大穗，数日一食。或谓曾结庐于镇江谯山（今江苏镇江焦山）。传说死时百余岁。后因此指有道的隐士。

⑧陈曼生：陈鸿寿，字子恭，号曼生。清代篆刻家。

⑨郭频伽：郭麐，字祥伯，号频伽，又号复翁、白眉生、苎萝长者。清初诗人。

⑩李斯：李氏，名斯，字通古。秦朝丞相。

⑪《史记·老韩列传》：汉代司马迁关于先秦道家和法家的代表人物老子、庄子、申子（申不害）和韩非子四人的合传。

⑫羊真孔草萧行范篆：羊欣的隶书，孔琳之的草书，萧思话的行书，范晔的篆书。唐代张彦远《法书要录》：羊真孔草、萧行范篆，各一时绝妙。

⑬刘略班艺虞志荀录：刘向撰《七略》，班固著《汉书·艺文志》，虞初的《周说》，荀悦的《汉记》。虞初所作《周说》，共计943篇，原书失传。《文选·西京赋》中张衡云："小说百家，本自虞初。"后人有以虞初为小说命名的，如《虞初志》《续虞初志》《虞初新志》等。

⑭王僧孺：南朝梁诗人、骈文家。与沈约、任昉并为当时"三大藏书家"。

⑮梁山舟：字元颖，号山舟，又自署不翁、新吾长翁。大学士梁诗正之子。清代书法家。

⑯谢宣城：谢朓，字玄晖。南朝萧齐文学家。建武二年（495）任宣城太守，世称"谢宣城"。

⑰刘伯伦：刘伶，字伯伦。魏晋时期诗人。

⑱王无功：王绩，字无功，号东皋子。唐代诗人。

⑲刘湛：字弘仁。建立南朝宋的功臣之一。

⑳三马同槽：隐指司马懿父子三人将篡夺魏的政权。也泛指阴谋篡权。

㉑王融：字元长。南朝齐文学家，"竟陵八友"之一。

㉒《世说》：《世说新语》。

㉓王敬弘：本名王裕之，字敬弘。南朝宋大臣。

㉔王僧虔：刘宋和南齐时的官员、书法家。

㉕柳恽：字文畅。南朝梁诗人、音乐家、棋手。

㉖萧惠开：南朝宋外戚萧思话长子，南朝宋大臣。

㉗谢徵：字元度。南北朝梁人，官员。善文。

㉘卢元明：字幼章。约魏孝武帝永熙末年前后在世。作史子杂论数十篇；又著有文集17卷。

㉙羊玄保：南朝宋官员，善弈棋。

㉚萧琛：一作萧璨，字彦瑜。南朝梁学者、官员。

㉛宋文帝：刘义隆，小字车儿。南北朝时期刘宋王朝的第三位皇帝。

㉜李谧：字永和。北魏藏书家。

㉝魏收：字伯起，小字佛助。南北朝时期史学家、文学家。

㉞谢灵运：原名公义，字灵运，小名客儿，世称谢客，以字行于世。南

北朝时期诗人、文学家、旅行家。

㉟祖冲之：字文远。南北朝时期数学家、天文学家。

㊱隋炀帝：杨广，一名英，小字阿摐。隋文帝杨坚与文献皇后独孤伽罗次子，隋朝第二位皇帝。

㊲朱异：字季文。三国时期吴国将领。

㊳孔觊：字思远。孔子的第29世孙、孔琳之孙、孔邈之子。为人使酒仗气，每醉辄弥日不醒，僚类之间，多所凌忽，尤不能曲意权幸，莫不畏而疾之。

㊴谢朓：字玄晖。南朝萧齐文学家。

㊵何胤：字子季。南朝齐、梁经学家。

㊶李谐：字虔和。北魏学者。

㊷宋孝武帝：刘骏，南朝宋第五位皇帝。

㊸王筠：字元礼，一字德柔。王僧虔之孙。王筠在唱和诗创作中确立了同韵自和方式。其"一官一集"体是按任官顺序编定编年体系列文集的典范，开创了文集体例史上的一个重要类型。

㊹李安人：南朝宋、齐将领。

㊺王勇：南朝陈将领。

㊻范晔：字蔚宗。南朝宋史学家、文学家。

㊼萧子云：字景齐。南朝梁史学家、文学家。

㊽庾开府：指庾信。

㊾谢庄：字希逸。南朝宋大臣，文学家。

㊿傅永：字修期。南北朝时武将。

51冯亮：字灵通。梁朝平北将军蔡道恭的外甥。南朝佛学家。

52杨椿：字延寿。北魏政治人物，官至太保。

53萧子显：字景阳。齐高帝萧道成之孙，豫章文献王萧嶷第八子，南朝梁朝史学家、文学家。

54萧伟：字文达。南朝梁南平王。萧顺之第八子。

55邱灵鞠：南朝宋官员，拜尚书三公郎、建康（今南京）令，转通直郎，兼中书郎。

56王微：字景玄，一作景贤。南朝宋画家、诗人。

57梁茝林：指梁章钜。

58《楹联三话》：梁章钜《楹联丛话系列》，包括以下6部著作：《楹联丛话》《楹联续话》《楹联三话》《楹联四话》《巧对录》《巧对续录》。

(59)卢抱经：卢文弨，字召弓，一作绍弓，号矶渔，又号檠斋，抱经，晚年更号弓父，人称“抱经先生”。清代校勘学家、藏书家。

## 1933年11月20日

昔以苜蓿盘①嘲冷官②，官之冷者莫教官，若今之教授是也。《摭言》云，薛迁左庶子，时东宫官僚清淡，令之以诗自悼，有云：

朝旭上团团，照见先生盘；

盘中何所有，苜蓿长栏干。

如仁和宋学博③（成勋）联云：

宦海风波，不到藻芹池上；

圣朝雨露，微沾苜蓿盘中。

羌④为故实矣。

又孙学博（学垣）联云：

冷署当春暖；

闲官对酒忙。

寒毡风味均能道出，正恐对酒之钱未易得耳。

又有联云：

但愿人为宰相器；

莫忘我做秀才时。

今之为学不需此矣。

俗称教官又有句云：

百无一事可言教；

十有九分不像官。

教无所教偏言教；

官不成官却是官。

极冷嘲之致。

又：

读书人唯这重墙门可以无妨出入；

做官的当此种职分也要有此作为。

尚棱棱有骨。

徐宗干⑤咏炭云：

一味黑时犹有骨；

十分红处便成灰。
诵之惕然。
郑心一题书室云：
无可奈何新白发；
不如归去旧青山。
思之意远。
张子野云：
愁似鳏鱼知夜永；
懒同蝴蝶为春忙。
个中消息不足为外人道也。
潮州府城西之胜与韩山骖鸾后先，昔人有一联云：
湖名合抗颖而王，水木清华，惜不令大苏学士到此；
山势分郑郭之半，楼台金碧，还须请小李将军画来。
当年钩游之地，思之神往，联并见《樵隐诗话》。
金岱峰教授司铎温州，奉祀许郑二儒于仓圣词，扁云："圣德天生"。联云：
作黄帝史官，记动记言，鼻祖神灵明四目；
开元公尔雅，释诂释训，耳孙著述衍三苍。
许公叔重扁云："学祖"。联云：
家传十四篇，书合三苍为一；
律讽九千字，学通五经无双。
郑公康成扁云："经神"。联云：
微言守遗，当奉大师为表帜；
实事求是，敢从二氏问传薪。
如许佳题，即此未足如人腹中欲言也。
绛帐一时培后辈；
黄巾三舍避先生。
十四字可为隐居教授者吐气。
求其生不得则无憾；
勿以善之小而不为。
赠幕者恰好。

**【注释】**

①苜蓿盘：见"苜蓿盘空"，比喻小官吏或私塾教师生活清贫。

②冷官：地位不重要、事务不繁忙的官职。

③学博：唐制，府郡置经学博士各一人，掌以五经教授学生。后泛称学官为学博。这位学博名叫宋成勋。

④羌：文言助词，用在句首，无义。

⑤徐宗干：字伯桢，又字树人。浙闽总督。

## 1933 年 11 月 27 日

黄翊生前辈十余年前赠予美洲远行诗。有"华堂双白发，沧海一青灯"句，追理当年情事，几忘松楸①之已绿也。夜梦见母。

【注释】

①松楸：松树与楸树。墓地多有种植，因以其代称坟墓。这里特指父母坟茔。

# 《万年山中日记》第十八册

（1934年4月30日—5月13日）

**1934年4月30日**

　　李公甫援笔成《竹夫人①颂》，曰"常居大厦之间，多为凉德之助，剖心析肝陈数条之风刺，自顶至踵无一节之瑕疵。"末联云于戏：
　　保抱提携，朕不忘五夜之寝；
　　辗转反侧，尔尚形四方之风。
　　善用诗书全语，语皆妇人事，玲珑清脆，技至于此，乌得不为击节哉。
　　【注释】
　　①竹夫人：又叫青奴，一种圆柱形的竹制品，汉族民间夏日取凉用具。

**1934年5月11日**

　　《恒言录》①末卷有成语类，俗语有《出类》二篇，此事自《容斋笔记》《老学庵笔记》（陆游）、《七修类稿》②（明郎瑛撰，五十一卷）、《香祖笔记》③（王士禛撰，十二卷），皆有纂辑，同时赵瓯北④（长竹汀⑤二岁）亦集考二百余则，尝节存日记中（一月十五日），兹复撮所爱者如下，语俚而理至，迩言⑥当察，其谓是与。
　　举世尽从愁里老；
　　何人肯向死前闲。（杜荀鹤⑦诗）
　　举世尽从愁里老；
　　何人更向死前休。（韩退之⑧诗，见《老学庵笔记》）
　　难将一人手；
　　掩尽天下目。（曹邺⑨咏李斯诗）
　　但存方寸地；
　　留与子孙耕。（宋贺仙翁⑩诗，见《七修类稿》）
　　金马玉堂三学士；

清风明月方闲人。(欧阳永叔⑪诗)
平生不作皱眉事；
世上应无切齿人。(邵康节⑫诗)
入山擒虎易；
开口告人难。
无钱方断赌；
临老去看经。(《事林广记》⑬集警世语)
恼一恼，老一老；
笑一笑，少一少。
书中有女颜如玉；(劝学文⑭)
路上行人口是碑。(《五灯会元》⑮)

【注释】

①《恒言录》：钱大昕撰。钱大昕，字晓征，又字及之，另辛楣。清代史学家、汉学家。

②《七修类稿》：明代汉族文言笔记小说集，郎瑛撰。郎瑛，明代藏书家。

③《香祖笔记》：清初诗文泰斗王士禛先生继《居易录》《池北偶谈》《皇华纪闻》等书之后的又一部重要笔记著作。

④赵瓯北：赵翼，字云崧，一字耘菘，号瓯北，又号裘萼，晚号三半老人。清代文学家、史学家、诗人。

⑤竹汀：指钱大昕。

⑥迩言：浅近之言，常人之语。

⑦杜荀鹤：字彦之，自号九华山人。他出身寒微，中年始中进士，仍未授官，乃返乡闲居。曾以诗颂朱温，后朱温取唐建梁，任以翰林学士，知制诰，故入《梁书》。

⑧韩退之：指韩愈。

⑨曹邺：字邺之。晚唐诗人。

⑩贺仙翁：指宋人贺亢。有诗曰："有客来相访，如何是治生；但存方寸地，留与子孙耕。"

⑪欧阳永叔：指欧阳修。

⑫邵康节：邵雍，字尧夫。北宋哲学家。

⑬《事林广记》：日用百科全书型的古代民间类书。南宋末年建州崇安（今属福建）人陈元靓撰，经元代和明初人翻刻时增补。元靓可能是建阳（今属福建）麻沙书坊雇佣的编书人。

⑭劝学文：或称"劝学篇""劝学诗"。目的是劝勉男儿努力读书，通过出仕来达成自己的梦想。

⑮《五灯会元》：中国佛教禅宗史书，20卷，有宋宝祐元年（1253）和元至正二十四年（1364）两个刻本。宝祐本于清光绪初年始由海外传归，卷首有普济题词，王庸序。卷末有宝祐元年武康沈净明跋。至正本比较流行，为明嘉兴续藏和清《龙藏》所本（清《龙藏》析为60卷）。

## 1934年5月13日

陆眉生①（秉枢）给谏②挽伶人周翠琴③联：
生在百花前，万紫千红齐俯首；
春归三月莫，人间天上总销魂。
指清宗所嬖④者也，久已脍炙人口。
今报载傅桐⑤挽谭伶英秀⑥联云：
此曲几回闻，人间绝响广陵散；
莫春三月尽，江南忍忆落花诗。
皆切其死于三月事。
又芋仙刺史挽某伶联云：
参不透素果兰因，结局竟如斯，逝水年华悲梦断；
抛得下歌衫舞扇，逢场今已矣，落花时节送春归。
均从陆联脱胎，并婉艳可口。

【注释】

①陆眉生：陆秉枢，字辰吉，号纶斋，一号眉生。清朝翰林、政治人物。善书法，工诗文，尤善填词。

②给谏：宋门下省有给事中，掌封驳政令违失，另有左、右谏议大夫分隶门下、中书二省，掌规谏讽谕，二者合称"给谏"。明代文献也可常见此称谓，清为六科给事中别称。

③周翠琴：字稚云（或作穉云），工旦角，清咸丰、同治年间京中的昆剧名伶。

④嬖：宠幸。

⑤傅桐：字味琴，号梧生。清道光十七年（1837）拔贡。工骈体文。

⑥谭伶英秀：谭鑫培，本名金福，字望重。因堂号英秀，人又以"英秀"称之。著名京剧演员，主攻老生，曾演武生。

# 《万年山中日记》第十九册

（1934年6月2日）

## 1934年6月2日

李晓舫①以母丧赴，即成唁联（并为门人代拟一首）：
及养有惭李征君，事母未能，欲与故人争一哭；
显亲可拟徐文定，凿楹具在，即兹传卷已千秋。
夫天不可阶而升，大道恢恢，幸附名师窥蠡海；
有母方倚闾而望，白云渺渺，空见游子抱楹书。
晓舫即以旦日②行，溷③坐公廨，援笔成此，不及雕镂矣。

【注释】
①李晓舫：指李珩，时任国立山东大学物理系教授。
②旦日：明天，第二天。
③溷：苟且过活，混日子。

# 《万年山中日记》第二十册

（1934年7月1日—8月24日）

**1934年7月1日**

同邑陈少文以祖母丧（八十七龄）来赴，车中不寐，改窜旧句成联：
报刘已无多，天不假年四千日；
于鲁其有后，人待举火五百家。
会葬期已迫矣，乃用电报远唁之，费四金有奇。

**1934年7月15日**

缪仲英寿恐伯六十联云：
著书十余万言，此后更增几许；
上寿百有廿岁，至今才得半云。
信佳句也。

**1934年8月23日**

己卯、庚辰听鼓河洛之间，有天足会者，有清洁运动者，服官委员亲下民间，躬执箕帚，时人为之语曰：
济济众委员，为几个折腰钱斯文扫地；
堂堂省政府，卦一片裹足布臭气薰天。
语妙于时，不胫而走。
罗家伦长清华大学禁雀战，废菊圃。寅恪集杜[①]句联曰：
庄梦未知何日醒；
鞠花从此不须开。
有曰鞠可通菊乎？则将应之曰：吾适思《月令》"鞠有黄华"耳。

集联：

书似青山常乱叠；

灯如红豆最相思。

名士青山千日酒；

故人红豆两家灯。

《尚䌷堂》诗句（阳湖刘芙初嗣绾②），可为联者如：

地余南渡恨；

人数北征才。（白沟河）

三迁齐祭酒；

一脉鲁诸生。（荀卿墓）

篱花有意争先发；

野草无名转后凋。（散步）

好日短于磨剩墨；

清宵长似篆余香。（病起有怀）

碧天无语又今夕；

红树笑人非少年。（中秋后一夕独步故园）

宋洪俞平斋③新第后，上史卫王④书，叠用"而已"二字，开罪时相，十年不调，自为桃符云：

未得之乎一字力；

只因而已十年闲。

自顾蹭蹬⑤生涯，得无类是。

【注释】

①杜：指杜甫。

②阳湖刘芙初嗣绾：刘嗣绾，字简之，又字芙初，号醇甫。刘于义之玄孙，武进西营刘氏第十五世。清朝翰林、政治人物、学者。专长诗、词、骈文。

③宋洪俞平斋：洪平斋指洪咨夔，字舜俞，号平斋。南宋诗人。

④史卫王：指史弥远，字同叔。南宋中期权相，尚书右仆射史浩之子。

⑤蹭蹬：路途险阻难行。比喻困顿不顺利。

## 1934年8月24日

梁晋竹甲午随父之粤官，又二年，哭黄孺人联云：

四千里累尔远来，父在家，母在殡，翁姑在堂，属纩定知难瞑目；
廿三年弃余永诀，拜无儿，哭无女，继承无侄，盖棺未免太伤心。
但写实事，不文自工。
黄女士丙寅除夕句云：
百年已过六千日；
一饮真须三百杯。
《咏手炉》云：
却为摩挲知冷暖；
偶从翻覆见炎凉。
具见清才，而非寿相。

# 《万年山中日记》第二十一册

（1934年8月29日—9月21日）

1934年8月29日

　　闻外姑蔡太夫人之丧，今日始成联，将以绫帛写吊之：
　　迟我母之殁者四年，最伤心萱谢庭空，凄凉鸠杖魂归处；
　　以半子承欢者廿载，忍回忆机声灯影，珍重征途面命时。
　　午出席教务会议，举示怡荪①，怡荪以联中字面少，属外姑，有未慊②处。会毕入图书馆遍检《太平御览》③《渊鉴类函》④《骈字类编》⑤，皆无岳母字样，所记者惟《史记·高祖本纪》"吕媪怒吕公曰：'公始常欲奇此女，与贵人。沛令善公，求之不与，何自妄许与刘季⑥？'吕公曰：'此非儿女子所知也。'卒与刘季。"不知史传尚有逸闻否。

【注释】
①怡荪：指张怡荪，时任国立山东大学中文系系主任。
②慊：满足、满意。
③《太平御览》：宋代一部著名的类书，为北宋李昉、李穆、徐铉等学者奉敕编纂。
④《渊鉴类函》：清代官修的大型类书，以《唐类函》为底本，广采诸多类书集成。由张英、王士祯、王惔等撰。
⑤《骈字类编》：共240卷，清代张廷玉编。是一部查找词语典故的工具书，专收"骈字"，即两字相连的词语。
⑥刘季：汉高祖刘邦，字季。

1934年8月31日

　　集《文苑》《儒林传》句为联：
　　天下无双黄江夏；

五经第一许汝南。

## 1934年9月1日

  今人锡山秦同培谓联语本由诗词转变，自当以诗词格调为正宗，但其间又可分"诗调""词调"两种。又谓以文章格调行之者，实始于湘乡①，而举挚甫②、季直③为之后殿，所言良信，余最推周家禄寿恺堂联，今依秦氏例举其数则实之：
  潘令正扶舆，痛甚河阳花溅泪；
  欧公亲举殡，书成阡表石衔悲。
  （挽龚母）
  死别已多时，巨卿一纸，至今自塞外传来，痛关河书剑，幕府弓刀，落月屋梁，只学梦回非昔日；
  生离将十载，随会九京，从此比人间更远，问吾鬓秋风，儿坟宿草，名山诗卷，可堪手订践前言。
  （代束织云挽松骑尉）
  杜老感流离，溯悲秋夔府，感事陈涛，著作经余一手定；
  桥公有要约，叹遗构崇川，停棺萧寺，死生负汝百年期。
  （挽束织云锦）
  古称燕赵多慷慨悲歌之士；
  师法范姚以功名气节相高。
  （代张廉访题福州奉直会馆）
  生者安然后逝者安，争抔土于伯叔昆弟之间，魂而有知，将无是恫；
  阴地好不如心地好，虑诸子为吉凶祸福所惑，书此以示，且告公灵。
  （挽杨某）
  三种之中自以文格④入联者为最难，而挽近颇推崇之，镕经铸史，时见玮词，前自河间⑤后至新会⑥，碑人口者并皆佳妙，其能以三种参用者，复所在多有。嗜痂已久，结习难忘，杂写所闻，亦资口诵。
  寿世声名，一代斗山韩吏部⑦；
  等身著作，六经渊海郑司农⑧。
  （沈幼丹⑨寿林香溪七秩⑩）
  环瀛海，大九州，信中国异人，何待子瞻说威德；
  （汉驺衍⑪有"大九州"之说。苏子瞻⑫《司马温公⑬神道碑》有"中国

相司马"语）

登泰山，小天下，藉通家上谒，方令文举足平生。

（用《孔融传》意。范肯堂[14]寿李合肥[15]语）

魂兮归来，夜月楼台花萼影；

（唐明皇与其弟宁王等相友爱，宫中有花萼相辉之楼[16]，取《诗》："常棣之华，萼不韡韡[17]"意）

行不得也，楚天风雨鹧鸪声。

（曾国华[18]战殉三河，涤生[19]挽之之语）

目君为承明著作之才，九列交推非独我；

（汉有承明庐[20]，为侍从臣所居处）

思亲因泣血悲哀而死，万缘前定不由人。

（曾涤生挽柯小泉京卿）

在儒林能自成一家，耄期不忘勤，令后学闻风兴起；

裁名刺写辞行二字，仙游良足乐，问先生何日归来。

（罗道源挽俞曲园）

李狂鲁愤屈牢骚，同争千古；

江恨张愁贾涕泪，尽付东流。

（周某挽陆申甫长子蹈海）

相如善病，曼倩工愁，读北海论盛孝章书，早虑斯人无永岁；

佛长坛名，公幹振藻，观子建述丁敬礼语，谁为逝者定遗文。

（华若溪挽侯翔千）

当代经师，郑东海，马扶风，抗前贤为伍；

此间旅殡，荀兰陵，苏玉局，得夫子而三。

（兰陵即今常州。玉局者，子瞻晚年提举玉局观，今成都县南。卢抱经卒于常州龙城书院，常人挽之者已见）

吾楚多武功，新宁伟节，罗山邃学，益阳雄略，湘阴衡阳皆卓荦勋名，相度能容群彦集；（指刘长佑[21]、罗泽南[22]、胡林翼[23]、左宗棠[24]、彭玉麟）

国朝六文正，睢州巨儒，诸城名相，大兴贤傅，歙县滨州皆承平宰辅，公时独较昔人难。（汤斌[25]、刘统勋[26]、朱珪[27]、曹振镛[28]、杜受田[29]）

景武勋名，临淮纪律；

（李靖[30]、李光弼[31]）

邺侯相业，柱史仙龄。

（李泌[32]、李耳[33]。张之万[34]寿李合肥）

相业迈曲江江凌而上；
（张九龄㉟、张居正㊱）
学术在新安安定之间。
（朱熹㊲、胡瑗㊳。吴谬挽张南皮㊴）
湘妃白眼随愁长，有德配远道相从，一曲鸾飞，不得见夫婿声音笑貌；
谢朓青山带病看，叹使君到官遽逝，千年鹤返，应眷恋宣州三郭人民。
（涤生挽某宣城令）
一麾西守，历榷局十年，我是向生旧游，感怆山阳笛；
四霎东麈，值大江八月，君真枚叔归魂，饱看广陵涛。
（裘可桴㊵挽孙淮北盐官）
放开眼孔，看晓日才上，夜月正园，山雨欲来，溪云初起；
洗净耳根，听林鸟争啼，寺钟答响，渔歌唱晚，牧笛吹归。
百年一刹那，把等闲富贵功名，付之云散；
再来成隔世，似这样夫妻儿女，切莫雷同。
末二联未详撰人，而洗脱特甚。
如别良人去矣，大丈夫何患无妻，愿它年重结婚姻，莫向生妻谈死妇；
儿依严父艰哉，小孩子终当有母，倘异日得蒙抚养，须知继母即亲娘。
与死妇自挽一联，同堪脍炙，腔圆笔转，工于八比者之手笔也。
尚有：
封万户侯何足荣身，公若与汉天子比肩，李广欢颜亚夫笑；
挽百石弓犹能识字，我曾见故将军遗笔，岳王风骨鲁公神。
冯唐易老，雍齿且侯，三字故将军，匹马短衣春射虎；
左拥宜人，右弄孺子，孤山林处士，芦帘纸阁夜谈龙。
万缘今已矣，新诗数卷，浊酒一壶，畴昔绝妙景光，只赢得青枫落月；
孤愤竟何如，百世贻谋，千秋伟业，平生未了心事，都付与流水东风。
未甘割爱，并存录之，考楹联之兴，肇于五代之桃符孟蜀"新年纳余庆，嘉节号长春"十字，至宋而广，苏朱真（文忠）黄撰语尚有存者，十四年馆汴尝草《畴盦联话》二卷，登《孤兴杂志》，老来暇日当埀㊶存之。

【注释】

①湘乡：指曾国藩。
②挚甫：吴汝纶，字挚甫，一字挚父。晚清文学家、教育家。
③季直：张謇，字季直，号啬庵。清末状元，近代实业家、政治家、教育家。

④文格：文章的风格、格调。

⑤河间：指纪昀。

⑥新会：指代梁启超，梁启超生于广东新会县。

⑦韩吏部：指韩愈。

⑧郑司农：汉经学家郑众。因其曾官大司农，故称。后亦用以称誉博学的人。

⑨沈幼丹：沈葆桢，原名沈振宗，字幼丹，又字翰宇。晚清时期重要大臣、政治家、军事家、外交家、民族英雄。中国近代造船、航运、海军建设事业的奠基人之一，是清朝抵抗侵略的封疆大吏林则徐之婿。

⑩秩：十年。

⑪驺衍：一作"邹衍"。齐国人，战国时期阴阳家的创始人及代表，哲学家，以研究黄老之术而闻名。

⑫苏子瞻：指苏轼。

⑬司马温公：司马光，字君实，号迂叟。陕州夏县（今山西夏县）涑水乡人，世称涑水先生。北宋政治家、史学家、文学家。

⑭范肯堂：范当世，字无错，号肯堂，因排行居一，号伯子。原名铸，字铜士。清末文学家、诗文名家，桐城派后期作家。

⑮李合肥：李鸿章。晚清名臣，洋务运动的主要领导人之一，安徽合肥人，世人多尊称李中堂，亦称李合肥，本名章铜，字渐甫或子黻，号少荃（泉），晚年自号仪叟，别号省心，谥文忠。

⑯花萼相辉之楼：简称"花萼楼"，始建于唐代开元八年（720），位于长安兴庆宫（今西安市兴庆宫公园）之内。盛唐时代，花萼相辉之楼位列"四大名楼"之前（即江西的滕王阁、湖北的黄鹤楼、湖南的岳阳楼、山西的鹳雀楼），它们统称为"天下五大名楼"。

⑰韡韡：光明美丽的样子。

⑱曾国华：号温甫，一号深斋、行宽六。曾国藩的胞弟。

⑲涤生：指曾国藩。

⑳汉有承明庐：汉承明殿旁屋，侍臣值宿所居，称承明庐。

㉑刘长佑：字子默，号荫渠（一作印渠）。湘军重要统帅，清朝大臣。

㉒罗泽南：字仲岳，一字培源，又字子畏，号罗山，又号悔泉。晚清湘军将领、理学家、文学家。

㉓胡林翼：字贶生，号润芝。晚清中兴名臣之一，湘军重要首领。

㉔左宗棠：字季高，一字朴存，号湘上农人。晚清重臣、军事家、政治家，著名湘军将领，洋务派首领。

㉕汤斌：字孔伯，号荆岘，晚号潜庵。清朝政治家、理学家、书法家，官至工部尚书，卒谥文正。
㉖刘统勋：字延清，号尔钝。雍正二年（1724）中进士，历任刑部尚书、工部尚书、吏部尚书、内阁大学士、翰林院掌院学士及军机大臣等要职。
㉗朱珪：字石君，号南崖，晚号盘陀老人。与其兄朱筠，时称"二朱"。清朝乾隆、嘉庆时期名臣。
㉘曹振镛：字俪生，号怿嘉。乾隆朝户部尚书曹文埴之子。清代名臣。
㉙杜受田：字芝农。为咸丰皇帝之师。
㉚李靖：字药师。隋末唐初将领，文武兼备的军事家。后封卫国公，世称"李卫公"。
㉛李光弼：唐朝中期名将，左羽林大将军李楷洛第四子。
㉜李泌：字长源。唐朝中期道家学者、政治家、谋臣，为南北朝西魏时"八柱国"李弼的六世孙。
㉝李耳：老子。周朝春秋时期的哲学家、道家学派创始人。
㉞张之万：字子青，号銮坡，直隶南皮人。晚清大臣、画家。太子太保张之洞的长兄。
㉟张九龄：字子寿，一名博物，谥文献。唐朝韶州曲江（今广东韶关）人，世称"张曲江"或"文献公"。唐玄宗开元年间尚书丞相，诗人。
㊱张居正：字叔大，号太岳。幼名张白圭。江陵人，时人又称之为"张江陵"。明朝中后期政治家、改革家，万历时期的内阁首辅，辅佐万历皇帝朱翊钧开创了"万历新政"。
㊲朱熹：字元晦，又字仲晦，号晦庵，晚称晦翁，谥文，世称朱文公。
㊳胡瑗：字翼之。北宋学者。理学先驱、思想家和教育家。
㊴张南皮：张之洞，字孝达，号香涛，又是总督，称"帅"，故时人皆呼之为"张香帅"。晚清名臣，清代洋务派代表人物。
㊵裘可桴：原名廷梁，字葆良，别字可桴。白话文运动的先驱者之一。
㊶埵：古同"踵"。

## 1934年9月12日

啸咸①述民十之间一趣联云：
由城而坡，由坡而河，由河而海，四总统愈趋愈下；
自京至奉，自奉至鲁，自鲁至鄂，三巡阅越弄越糟。
亦一代风谣也。

【注释】

①啸咸：即彭仲铎，时任国立山东大学中文系讲师。

## 1934年9月21日

有以"孟德曹操"四字为额寿其友人母者，见者大骇①，彼意谓孟母之德，曹大家之操也，然究嫌过于立异。有以"奉先堂"为人题家庙者，受者大喜，然不可为吕姓②者用也。

【注释】

①骇：古同"骇"。
②吕姓：指其族人吕布字奉先者。吕布，东汉末年名将，汉末群雄之一。

# 《万年山中日记》第二十二册

(1934年10月5—25日)

1934年10月5日

少侯①示以《人间世》(小品文半月刊),载太炎先生挽黎②联,云:
继大明太祖而兴,玉步未更,倭寇岂能干正统;
与五色国旗同尽,鼎湖一去,谯周从此是元勋。
《蜀书》:"后主③从谯周④之计,遣使请降于邓艾⑤。"又:"魏以周有全国之功,封阳城亭侯。"

【注释】

①少侯:赵少侯,时任国立山东大学外文系教授。

②黎:指黎元洪,字宋卿。湖北黄陂人,人称"黎黄陂",中华民国第一任副总统、第二任大总统。

③后主:刘禅,即蜀汉后主,字公嗣,小名阿斗。刘备之子,母亲是昭烈皇后甘氏,三国时期蜀汉第二位皇帝。

④谯周:字允南。三国时期蜀汉学者、官员。在蜀汉任官时期,一向以反对北伐战略而闻名。炎兴元年(263),魏国三路伐蜀,谯周因劝刘禅投降,被封为阳城亭侯,迁骑都尉,散骑常侍。

⑤邓艾:字士载。三国时期魏国军事家、将领。其人文武全才,深谙兵法,对内政也颇有建树。263年他与钟会分别率军攻打蜀汉,最后他率先进入成都,使得蜀汉灭亡。

1934年10月25日

挽方年伯母(武昌方博泉以几何教授,同馆十年,予曾为方太公大母写《寿序》,十六年军兴,方太公殁,直博泉贫甚,又自广州以五十金赙之,博泉纯孝士也):

为大学师,知母夫人之贤,鸡黍供亲,曾从陈留称寿斝;(茅容①,陈留人)

乃几何时,继明经公而逝,卷葹有草,谁为太史序遗图。(吴锡骐②为有洪稚存同年《机声灯影图序》)

【注释】

①茅容:字季伟,东汉贤士。

②吴锡麒:字圣徵,号榖人。乾隆四十年(1775)进士,嘉庆六年(1801)授国子祭酒。工书法,尤善行、楷。著有《有正味斋全集》。

# 《万年山中日记》第二十四册
## （1934年11月20日—1935年1月6日）

**1934年11月20日**

天和阁联话（晨报）。录方地山①挽王莲舟②（序其名济，在黔军中以同知分粤，有《荔生诗》八卷，力摹杜吴，无子，娶有粤妇而不及里籍），联云：

少年匹马走关山，当乱离颠沛之秋，直欲将满腹牢愁，写入杜老悲歌、梅村怨语；

死后青蝇为吊客，胡落寞凋零至此，竟徒使知心亲旧，空叹黔娄有妇、伯道无儿。

是以时文入联最合声调者。

【注释】

①方地山：原名方尔谦，字地山。出生于书香世家。擅长书法和楹联，清末民初学者、书法家、楹联家。

②王莲舟：王济，字康甫，自号莲舟、扶荔生。著有《扶荔生覆瓿词》一卷。

**1934年12月4日**

寿都昌刘重熙①尊人念庐先生：

少年抵掌策安危，让爵归来百卷诗。

报国汲深心耿耿，杖乡春暖日迟迟。

一经写定有传子，双寿征言皆口碑。

自古江州称五老，只今风物系人思。

【注释】

①刘重熙：指刘咸，时任国立山东大学生物系主任。

## 1934年12月17日

桂林梁巨川①（济）先生以孝廉历官员外郎，民国七年七月十日六十诞辰投身净业湖②以殉清室，遗书数万言，皆忧世救时之论，子漱溟③曾寄其书至汴④为馈，中心耿耿中，亦不乏讲章陈语，所《复梁漱溟书》曾见《甲寅》杂志⑤，今见《天和阁联话》载江天铎⑥挽巨川先生联云：

是真儒，是名宦，是文豪，三百年来传坠绪；
为忠臣，为逸民，为列士，廿五史中大有人。

语未洒脱，亦有未称情处。

【注释】

①梁巨川：梁济，字巨川，一字孟匡，别号桂岭劳人，以字行。北京大学哲学教授梁漱溟之父。清末官员、学者。

②净业湖：指北京积水潭。

③漱溟：梁漱溟，原名焕鼎，字寿铭。曾用笔名寿名、瘦民、漱溟，后以漱溟行世。思想家、哲学家、教育家、社会活动家、国学大师、爱国民主人士。

④汴：指开封。

⑤《甲寅》杂志：1914年5月10日在日本东京创刊，创办人章士钊，因这年为农历甲寅年，故以"甲寅"为刊名（甲寅年为虎年，该刊封面绘一老虎，人称"老虎报"）。月刊。翌年5月改在上海出版，至第10期被禁停刊。秋桐（章士钊）主编，陈独秀、杨永泰等协办。撰稿人有章士钊、李大钊、陈独秀、高一涵、胡适、易白沙、吴稚晖、杨昌济等人。

⑥江天铎：字竞庵，一字靳盦。民国政要、藏书家。

## 1934年12月23日

扬州方光坼①（千里）以其尊人慎之先生赴闻（千里十二年前芝加哥同学，治物理学），先生殁以九月十八日，又邑庠生云，即挥一联吊之：

萧瑟秋风，事可痛心九一八；
凋零椿树，言犹在耳礼诗书。

张率走马引云：

敛辔且归去；

吾畏路傍儿。

吴景旭②旦生云（《历代诗话》卷三十七）：《乐府集》载张敞③为京兆尹，无威仪，时罢朝会，过走马章台街。风俗曰：杀君马者，路旁儿也。言长吏马肥，观者快之，乘者喜其言，驰驱不止至于死，故曰："吾畏路旁儿。"

【注释】

①方光圻：物理学家。毕业于南京高等师范学校（1921年改建为国立东南大学，1928年更名为国立中央大学）理化科，后留学美国芝加哥大学物理研究所。回国后任国立中央大学（1949年更名为南京大学）物理系教授、系主任。后到中国台湾，曾任陆军理工学院（中正理工学院）院长等职。

②吴景旭：字旦生，号仁山。早年寓居长兴，后迁莲花庄，建南山堂。入清后，绝意仕途，入同岑社。工诗文，是双溪诗派的代表诗人之一。

③张敞：字子高。西汉大臣。

## 1934年12月31日

嵇（胡鸡切，俗误稽）文甫①自汲县以父柩葬仪来赴，撰联寄之：
群书写定全郑志；（玄门人作《郑志》八篇）
千里会丧拜蘧邱。（《一统志》："蘧伯玉②墓在汲县西北三十里君子村。"班昭《东征赋》："蘧氏在城之东南，民亦尚其邱坟。"

【注释】

①嵇文甫：原名嵇明。中国科学院学部委员，当代教育家、史学家、哲学家，郑州大学首任校长，郑州大学历史学系的创始人。

②蘧伯玉：蘧瑗，字伯玉，谥成子。春秋时期卫国（现河南卫辉）大夫。封"先贤"，奉祀于孔庙东庑第一位。

## 1935年1月6日

为少侯制联，曰：
芝草无芳，三年不笑；
鲁酒之薄，一醉为艰。
即书贻之。

# 《万年山中日记》第二十五册

（1935年1月11日—3月18日）

## 1935年1月11日

集句为史镁①楹帖云：

圣代即今多雨露；

故乡无此好湖山。

【注释】

①史镁：在上海经营南北土特产的潮籍商人，黄际遇的同乡。

## 1935年1月14日

缀联如干则：

追挽开封雷化云教授：

龙场驿边悲客死；

不其山下拜先生。

为人题墓：

言犹在耳；

骨归于藏。

挽某：

廿载肩随兹之，恸公为天下耳；

五步腹痛敢委，隆谊于草莽也。

除夕：

屏当岁钱除腊夕；

（《晋书·阮孚传》："祖约性好财，正料财物，客至，屏挡不尽。"或作屏当，去声）

安排盆菊到花朝。

甲戌冬甫抵里门：
半生嗟来食；
万里去归程。
四十九年弹指过；
一万余里去来程。
十载雕虫心力尽；
六索驽马道途长。
羁心长儿女；
轶事付童妪。
集陶：
被褐欣自得；
躬耕非所叹。
春兴岂自免；
高操非所攀。
谈谐无俗调；
岁月共相疏。
集句：
去去百年外；
栖栖一代中。
摘花不插发；
寒江无限情。
杂联：
新春过人日；
荒野亦天然。
千金市骏骨；
一笑倾人城。
生不如人长鞍马；
归将此意付江湖。
归来一卧沧江晚；
老去独惭晓月明。
庸书为活计；
卖药避时名。
周之衰也秦鹿突；

天将兴之楚猴冠。
夜深衾梦如春永；
雨后芦帘镇日垂。
秋声随雨集；
野渡逐波横。
惭留骏骨空冀北；
忆逐吟声过水西。
卮酒解兵柄；
杯羹释尔翁。
集周句：
青山不管人间事；
使君欲为天下雄。
木落尚留当户叶；
雪泳犹作隔年寒。
不知春去如流水；
但觉山居得古欢。
石鼎香萦将烬火；
瓦瓶花恋欲残枝。
闲情脱略除巾带；
雅兴从容数酒卮。
云净山争出；
林疏鸟独哀。
风雨一堂联雁序；
江河千里断鱼麟。
田家生计忧花事；
春夜关心到雨声。
遮护燕泥怜霢霂；
安排蚕种到清明。
风月闲情胜酒酽；
幽燕豪气入秋多。

1935年1月15日

　　入夜不寐，枕上成联挽黄麟阿：
　　东郭有人我家万石；
　　南风不竞为子七哀。

1935年1月18日

　　陈仲韬以其母丧来赴，交旧四十年，暌违①二十载，沐发之际，成长联唁之：
　　情深画荻，志甘茹荼，既楬书之已传，归造将军公，如此儒儿，夫复何憾；
　　脚折劳薪，心枯寸草，哀鲜民之永感，读到茅容传，非无鸡黍，谁适为欢。
　　【注释】
　　①暌违：分离，分隔，离别。

1935年1月19日

　　集联：
　　既佳光景，当得剧棋；
　　(《南史·羊元保传》："文帝好与元保棋，常中使至，元保曰：'今日上何召我耶？'戎曰：'金沟清泚，铜池摇飏。既佳光景，当得剧棋。'"戎：元保子)
　　讥其费日，大神圣教。
　　(葛洪①《西京杂记》："杜陵杜夫子②善弈棋，为天下第一人。或讥其费日。夫子曰：'精其理者，足以大神圣教。'")
　　【注释】
　　①葛洪：字稚川，自号抱朴子。东晋道教学者、炼丹家、医药学家。三国方士葛玄之侄孙，世称"小仙翁"。他曾受封为关内侯，后隐居罗浮山炼丹。

②杜夫子：西汉围棋手。杜陵（今陕西西安东南）人。佚其名。

## 1935年1月20日

庭除①悬联，早步始见之，镐臣②所代笔：
为儿辈次第完婚，两字痴聋还笑我；
适远方聚徒讲学，一门桃李饯行人。
殊隐贴，惟下联未合自题口气耳。

【注释】
①庭除：指庭前阶下，庭院。
②镐臣：黄际遇的潮籍同乡。

## 1935年1月26日

乙亥①春联：
奋轧于乙，春冠四时；
始一终亥，化成万物。

【注释】
①乙亥：指1935年。

## 1935年2月4日

居人未改秦衣服；
今日犹睹汉威仪。
十五年①除夕口占此联，实贴家庙大门，尔后不敢更以此联标榜矣。
今年篆书：
阳春新岁月；
江夏旧门庭。
十字应景而已，衣冠揖让之仪，尚谓兹祠为盛也。

【注释】
①十五年：指1926年。

## 1935年2月5日

记寿曾三（刚甫）①一首：
卅载倾心曾蛰老，劳劳眼底望京尘。
填词时有沧桑感，躬稼竟成隐逸民。
潮海文章推巨擘，亭林风节见传人。
何当返棹云湖上，把酒看花醉寿辰。
真不落凡响者。
传刚甫哭其兄述经②贤书一联云：
抚我则兄，教我则师，私痛深同颍滨语；
和而不流，宽而有济，后生谁见伯淳风。
恺恻③蕴藉，读之油然。
坐中多述王岱长澄政绩，为诵其潮州韩庙一联云：
天意启斯文，不是一封书，安得先生到此；
人心崇正学，只需八个月，至今百世赖之。
后有作者，莫能易也。

【注释】

①曾三（刚甫）：曾习经，字刚甫，一作刚父，号刚庵、蛰公，别号蛰庵居士。广东揭阳棉湖人。民国藏书家、学者。

②述经：曾述经，字撰甫，一字月樵，后更名彭年。光绪十五年（1889），曾述经与曾习经一同得中广东乡试举人，曾述经更名列第四。宣统二年（1910），因念家中慈母年迈，辞官归里养亲。曾述经回到揭阳不久，以硕学宿儒被聘请为榕江书院（今揭阳市第一中学）山长、真理学校教席。

③恺恻：和乐恻隐。

## 1935年2月25日

顺德黄晦闻①（节）以一月二十四日卒于北平，姚君②挽以联云：
风雨廿年情，感念逝波增永叹；
蒹葭三百首，摩挲遗墨有余哀。
按晦闻隶简竹居③之门，复担簦入山，独居花埭云林寺，刻苦一年，名满天下。

报载蒋联：

彭泽归来，诗传海内留名句；

康成老去，朴学天南失寻师。

第二句第四字应以平顶平，以仄顶仄，反其道而行之，便觉枘音凿响。

汪联云：

岭海二树斯嗣响；

亭林千古有知音。

于联云：

江西诗派尊双井；

岭表儒宗重白沙。

蔡子民④联云：

诗名不让黄山谷；

志行庶几顾亭林。

胡适之云：

南州高士徐孺子；

爱国诗人陆放翁。

未见洒脱者。

【注释】

①黄晦闻：字玉昆，号纯熙，别号甘竹滩洗石人。广东顺德人。因乡试时抑于主笔，遂废举业。曾在上海主笔《国粹学报》，编辑《政议通报》等；1917年后执教于北京大学、清华大学等，一度出任广东省教育厅厅长，阅岁辞去，授书终生。

②姚君：姚梓芳，又名曾美，字君恚，号秋园，别署觉庵、岐山老民。北京大学首届毕业生，清末民初潮汕知名学者、藏书家、书法家。维新派人士。民国初曾为华侨宣慰使。

③简竹居：简朝亮，字季纪，号竹居，是岭南学派朱次琦的传人。1875年求学于广东名儒朱九江。研习经史、性理、词章之学，是近世有名的鸿儒，但高尚不仕，潜心讲学著述。

④蔡子民：蔡元培，字鹤卿，又字仲申、民友、子民，乳名阿培，并曾化名蔡振、周子余。近代革命家、教育家、政治家。

1935 年 3 月 5 日

　　王修自福州以父丧来赴，其兄季四人，为联挽之：
　　勖勵助劼，退而学礼；
　　陇燕吴粤，游必有方。

1935 年 3 月 6 日

　　挽福州王秋笙先生联，以意有未尽，复续为长联，据讣音云：业医，四子，仕南北各省皆获，驰归侍疾视含，此事余终天之恨也。
　　陇燕吴粤，游必有方，惭对牛医儿①，尝药凭棺无遗憾；
　　勖勵助劼，退而学礼，低徊马江渚，巷歌舂相有余思。
　　【注释】
　　①牛医儿：牛医之子，喻出身微贱而有声望的人。

1935 年 3 月 18 日

　　康熙庚申①元旦，亭林②作一对曰：
　　六十年前二圣升遐之岁；
　　三千里外孤忠未死之人。
　　【注释】
　　①庚申：指 1680 年。
　　②亭林：顾炎武，本名绛，乳名藩汉，别名继坤、圭年，字忠清、宁人，亦自署蒋山佣；南都败后，他因为仰慕文天祥学生王炎午的为人，改名炎武。因故居旁有亭林湖，学者尊其为亭林先生。明末清初思想家、经学家、史地学家和音韵学家，与黄宗羲、王夫之并称为明末清初"三大儒"。

# 《万年山中日记》第二十六册

(1935年3月31日—4月28日)

**1935年3月31日**

余杭章先生所作挽联,皆它年①史料也,录之以志私淑焉。

挽孙中山:

孙郎使天下三分,当魏德萌芽,江表岂尝忘袭许;

南土是吾家旧物,怨灵修浩荡,武关无故入盟秦。(《离骚》:"指九天以为正兮,夫唯灵修之故也。"注:灵修,言秀慧而修饰,妇悦夫之名,借以喻怀王也。武关,秦之南关,汉高祖由武关入秦。)

挽岑西林②:

暗恶叱咤,有项王风,唯受善故,群材乐用;

恭让温良,得夫子教,以小心斯,北面终身。

挽唐蓂赓③:

功似周绛侯,才似李西平,僭制已除,独秉义心尊法统;

燕昭晚求仙,齐桓晚好内,雄图一蹶,最怜敌国起舟中。(桓公好内,多内宠。见《左传》《史记》)

挽黎黄坡:

继大明太祖而兴,玉步未更,绥寇岂能干正统;(绥一作倭,误。吴伟业有《绥寇纪略》,原名《鹿樵纪闻》,纪明末流寇也)

与五色国旗俱尽,鼎湖一去,谯周从此是元勋。(后主从周策,降魏。)

挽饶宓僧④:

陆敬舆言成典谟,翰苑经纶如孟子;

韩致尧辞虽绮丽,莫年哀思即灵均。

挽汪衮甫⑤:

陆太中常使诸侯,且欣好畤端居,五子邑堪传宝剑;(陆贾为太中大夫,往使尉佗,吕太后用事,以好畤田地善,往家焉。有五男。死,家得宝剑。)

杨子云旁开圣训,何意甘泉恶梦,千秋谁为订玄经。(扬雄《法言》:"旁开圣训。")

挽徐宝山⑥：

复九世重仇，特起异军酬阁部；

知百年定分，肯陈符命媚当涂。(《扬雄传》："爰清静作符命。"《后书·袁术传》："少见谶书，言'代汉者当涂高'，自云名字应之。"李注：当涂高者，魏也，术字公路，自云名字应之)

挽蒋百器⑦：

夫子之道，反害夫子耶，兵果自焚，可以休矣；

灭道众生，实无灭道者，佛亦不立，如是观之。

挽张其锽⑧：

丹青不渝，松柏不凋，一诺至今思季布；

直木先伐，甘泉先竭，儒冠终竟误高阳。（郦食其，陈留高阳人也）

【注释】

①它年：指以后的某年或某一时期。

②岑西林：岑春煊，字云阶，号炯堂老人，曾用名云霭、春泽，广西西林人，人称岑西林。近代著名政治人物。

③唐蓂赓：唐继尧，又名荣昌，字蓂赓。滇军创始人与领导者，云南滇系军阀的主要领导者。

④饶宓僧：饶汉祥，字宓僧、屦提。号质含先生。民国时期"广济五杰"之一，其余四人为居正、郭泰祺、刘文岛、张导民。

⑤汪衮甫：汪荣宝，字衮父，号太玄。1919年1月，任驻瑞士公使。1922年6月，任驻日本公使。1931年7月回国后，旋赴北平，任陆海空军副司令部行营参议、外交委员会委员长。

⑥徐宝山：字怀礼，因属虎，故人称之为"徐老虎"（另一说：因其力大无比，经常以寡敌众，遂得浑名"徐老虎"）。在辛亥革命中附势加入革命党的推翻清廷之革命运动，率军光复了扬州、泰州等地，做出不小的贡献，官至扬州军政分府都督，并被孙中山大总统任命为北伐第二军上将军长。再后来，袁世凯窃取辛亥革命果实，复辟帝制，徐宝山又叛变拥袁，任第二军军长。

⑦蒋百器：蒋尊簋，字百器，又名伯器。诗人蒋智由子。杭州求是书院（浙江大学前身）肄业。清光绪二十六年（1900）四月，以官费选送日本留学，初为成城学校骑兵连队学生，后入日本陆军士官学校骑兵科毕业。与海宁蒋方震（百里）同以精通军事著称。

⑧张其锽：字子武，号无竟。清末进士。他熟读经史子集，对命理、星相之类术数也有很深的钻研，人称"张铁口"。他曾在湖南任知县以及南路巡防队、南武军统领等职，辛亥革命后投靠直系吴佩孚，曾任广西省省长。

## 1935 年 4 月 2 日

曾刚甫挽先君子联云：
汪汪千顷波，看残季汉英雄记；
落落百年事，胜有米家书画船。
按《英雄记》累为陈志斐注，所引未见《隋书·经籍志》。"书画船"见《宋史·米芾传》：芾蓄书画，尝发运江淮，揭牌行舸曰"米家书画舫"。

## 1935 年 4 月 9 日

梁节庵①联不多，见其挽陈简持②（昭常）云：
关中见赏鹿，尚书回思万里驱车，行在烽烟诗一束；
天上若逢龙，表弟为道孤臣种树，崇陵风雨泪千行。
自有孤怀，铸辞特伟。
【注释】
①梁节庵：梁鼎芬，字星海，一字心海，又字伯烈，号节庵，广东番禺人。晚清学者、藏书家。
②陈简持：陈昭常，字简持，一字平叔。广东新会人。清朝吉林巡抚、民国吉林都督，在东北扬名。

## 1935 年 4 月 10 日

瞿茀章①（文琳，湖北人，河南中山大学同馆）以妻丧来赴，为联挽之：
远目非春亦自伤（李益②句），况南雁分飞，坠弦正当三月莫；
画眉今日空留语（韩偓③句），念伯鸾高义，凭春谁和五噫歌。
（梁鸿字伯鸾，妻孟光曰："窃闻夫子高义，乃共入山中作《五噫歌》。"④噫，平声）
【注释】
①瞿茀章：瞿文琳，字茀章。曾任河南大学理学院土木工程系系主任。

②李益：字君虞。唐代诗人。以边塞诗作名世，擅长绝句，尤其工于七绝。

③韩偓：乳名冬郎，字致光，号致尧，晚年又号玉山樵人。晚唐五代诗人。

④五噫歌：载于《后汉书·梁鸿传》。

## 1935 年 4 月 13 日

王筱航（向荣）①以其祖母（蔡太君）赴窆②并启，撰联寄挽：
阡表泷冈，太夫人进号魏国；
门承通德，郑公乡名之小同。

【注释】

①王筱航（向荣）：王向荣，字筱航。曾任山东省政府委员、财政厅厅长，兼任山东省民生银行董事长。

②窆：古代用来牵引棺椁下墓穴的石头。泛指埋葬。

## 1935 年 4 月 27 日

沂水杨生书田（曲阜师范学校校长）以父丧窆同赴，报以一联，杨生从学武昌，能率放者：
传业袭弘农，飞雀讲堂，合有黄衣拜杨宝；（杨宝震父）
卜封归防墓，说骖旧馆，愧无绛帐荫郑玄。

## 1935 年 4 月 28 日

邑人蔡上舍卓勋竹铭，竟以春仲饿死矣，长联哭之，以当驴鸣（并函家人赙以六金）：
会其丧者以千余，哭师一纸，卷秦淮凄雨而来，痛步兵①车迹，谯郡②琴声，末路同萧条，谁为瀛壶修恨史；
入此岁来已七十，复社长兄，随龚生天年竟夭，问中郎③赐书，两当④遗稿，名山久寂寞，可有灵迹瘗诗囚。
（元好问⑤诗："郊岛两诗囚。"指孟郊⑥贾岛⑦也。曾⑧祭汤海秋文："放

此诗囚。"已引用之,恐骇人见闻,写联时仍作诗魂)

实甫尝筑草堂于庐江之三峡桥中,自制两联,云:

筑楼三楹,筑屋五楹,漱石枕流聊永日;

种兰千本,种梅百本,弹琴读易可终身。

又云:

三闾大夫胡为至于此;

五柳先生⑨不知何许人。

不过尔尔。

【注释】

①步兵:阮籍,字嗣宗。三国时期魏国诗人。"竹林七贤"之一,"建安七子"之一阮瑀之子。曾任步兵校尉,世称"阮步兵"。

②谯郡:嵇康,字叔夜。三国时期曹魏思想家、音乐家、文学家。

③中郎:蔡邕,字伯喈。东汉时期文学家、书法家,才女蔡文姬之父。因官至左中郎将,后人称他为"蔡中郎"。

④两当:黄景仁,字汉镛,一字仲则,号鹿菲子。清代诗人,其七言诗极有特色,亦能词。著有《两当轩集》《西蠹印稿》。

⑤元好问:字裕之,号遗山,世称"遗山先生"。金末元初文学家、历史学家。

⑥孟郊:字东野。唐代诗人。因其诗作多写世态炎凉、民间苦难,故有"诗囚"之称,与贾岛齐名"郊寒岛瘦"。

⑦贾岛:字阆仙,人称"诗奴",自号"碣石山人"。唐代诗人。

⑧曾:指曾国藩。

⑨五柳先生:指陶渊明。

# 《万年山中日记》第二十七册

(1935年6月1—24日)

**1935年6月1日**

　　陈弢庵①以今年二月殁,其所取士如陈丈伯严②先生已为文坛冠冕,所谓聪明早达、太平寿考兼有之也。如此挽章能无佳制乎,《天和阁联话》所录十余则,则皆未见有戛玉鸣球之致,即如陈散原丈联云:
　　沆瀣之契,依慕之私,幸及残年偿小聚;
　　运会所适,辅导所系,务摅素抱见孤忠。
　　尚不如丈所挽王国维③:
　　学有偏长,与乾嘉诸老相抗;
　　死得其所,挟鲍屈孤愤而归。
　　一联也。
　　以文句为联,涤生创之而最工,挚甫亦入其室,卓如④间有至处,彦升(周家禄)最妙于时,而世寡知者如涤生挽汤海秋云:
　　著书都数十万言,才未尽也;
　　得谤遍九州四海,名亦随之。
　　彦升挽范如松⑤云:
　　与先君同字,视予犹子,视公犹父;
　　从诸孤之后,事死如死,事亡如存。
　　皆不仅洒脱见长者。
　　予前主中州大学,襄教者来言附属中学某生夭事,占一联应之:
　　曰及门中谁好学者如子也;
　　欲勿殇乎亦勉学此一格者。
　　(鲍焦⑥,周之介士也。邹阳⑦狱中上书曰:"此鲍焦所以愤于世也。"《史记·鲁仲连⑧传》:"世以鲍焦为无从颂而死者,皆非也。")

【注释】

①陈弢庵:指陈宝琛,字伯潜,号弢庵、陶庵、听水老人。刑部尚书陈

若霖的曾孙,晚清大臣和学者。

②陈丈伯严:陈三立,字伯严,号散原。近代同光体诗派的重要代表人物。

③王国维:初名国桢,字静安,亦字伯隅,初号礼堂,晚号观堂,又号永观,谥忠悫。近现代时期的著名学者。

④卓如:指梁启超。

⑤范如松:字荫堂,号未信堂,乡谥真孝先生,诸生。

⑥鲍焦:周朝时期的隐士,他因不满时政,廉洁自守,遁入山林,抱树而死。后人多怜其忠烈。他耻居浊世,坚持操守,隐居深山,不向天子称臣,不与诸侯交友,整日荷担打柴,拾橡实充饥,遂与介子推齐名。

⑦邹阳:齐人,西汉时期文学家、散文家。邹阳有文7篇,现存2篇,即《上书吴王》《于狱中上书自明》。

⑧鲁仲连:又名鲁连,尊称"鲁仲连子"或"鲁连子",战国末期齐国人。鲁仲连长于阐发奇特宏伟、卓异不凡的谋略,却不肯作官任职,愿意保持高风亮节。

## 1935年6月10日

有客曾昭抡①自北京大学来,闻为湘乡相国曾孙。适见孙雄《诗史阁笔记》②载曾联二则(七日《晨报》),一云《刘养素方伯于浔统领江西内河水师文正赠联》云:

组练三千朝踏浪;

貔貅十万夜观书。

一云《吴城望湖亭联》:

五夜戈船,曾上孤亭听鼓角;

一尊浊酒,重来此地看湖山。

因并存之。

【注释】

①曾昭抡:字叔伟(曾国藩的胞弟曾国潢之曾孙)。化学家,中国科学院院士。

②《诗史阁笔记》:指《诗史阁诗话》,是民国时期孙雄创作的文学理论类书籍。记录了辛亥革命与新文化运动时期古典诗词概况和一些重要的古体诗人,对研究当时的国学现状和创作情况具有较高的参考价值。

## 1935年6月13日

是日予生日，自寿一联：
读破三九诸篇释；
生前六一八日身。
饶平李渭农（芳柏）视学以母丧来赴，渭农前在武昌同馆十年，颇有清望，为联唁之：
行县辄问隽不疑①，有子治春秋，溯当年茅郭定交，避雨已沾义方旧；
事母何惭李因笃②，故乡多岁月，伤此日輶轩所及，望云犹祝餐眠安。

【注释】

①隽不疑：字曼倩。初为郡文学。汉武帝末年，经暴胜之上表举荐，被汉武帝征召任命为青州刺史。后元二年（公元前87年），因察觉击破齐孝王之孙刘泽勾结郡国豪杰的阴谋反叛，被提升为京兆尹，并赐钱百万。始元五年（公元前82年），识破冒充卫太子之人，得到汉昭帝和大将军霍光的称赞。经过此事，隽不疑在朝中名声大振，朝廷官吏们都自愧不如。

②李因笃：字子德，一字孔德，号天生。为明清之际的思想家、教育家、音韵学家、诗人。被时人称为不涉仕途的华夏"四布衣"之一。

## 1935年6月14日

偶得联二则，取摅胸臆，不敢书榜也。
子明援琴，孝然下道；
（并附见《魏书·管宁①传》。或作"逢萌②掷楯"）
无功酒谱，元叔柴车。
敦兮若朴，旷兮若谷，混兮若浊；
（《道德经》句）
上士闭心，中士闭口，下士闭门。
（隋王通③《中说注》所引古语）

【注释】

①管宁：字幼安。汉末天下大乱时，与邴原及王烈等人到辽东避乱。在当地只谈经典而不问世事，并引来大量同是逃避战乱的人，管宁就开始讲解《诗经》《书经》，谈祭礼、整治威仪、陈明礼让等教化工作。

②逄萌：字子康，一为子庆，汉代高士。建武元年（25），东汉光武帝即位后，逄萌又从辽东来到崂山，隐居在不其山（今崂山之铁骑山）下，讲学授业，"养志修道，人皆化其德"。

③王通：字仲淹。隋朝教育家、思想家。死后，门弟子私谥为"文中子"。

## 1935年6月16日

梅儒宝（黄冈）诗不知世有存本否？兹自悫伯所记者（十八册八十三页），聚其断句如：

铁骑千屯蟠赤嵼；

扁舟五月渡黄河。

（赠别）

千里关河双鬓影；

半生著述家一言。

（别二兄）

九十日中春雨雪；

二千里外晋山河。

（送人之阳城）

皆有振骀之响，峭特之骨。儒宝字瑞，以咸同①间山西典史未补官而死云。

对客述馆武昌时，学潮迭起，弦歌无声，督军王占元②威令之下，管学务者左右两难。时人为缀谐联曰：

省长难，厅长难，校长更难，教员不亦乐乎；

英国狠，法国狠，日本尤狠，中国何足道哉。

然言之刻骨矣。

【注释】

①咸同：指清朝咸丰、同治。

②王占元：原名德贤，字子春。因家贫投身淮军刘铭传部，后隶毅军宋庆部，1895年选入袁世凯的北洋新军，此后一路高升，累升为湖北督军，统治残暴，以贪鄙闻名。袁世凯死后加入直系，1921年下野，寓居天津。

1935年6月23日

　　悫伯所为楹联,已分别录存《越缦外篇》中,其尤可诵而学之者如挽张汝翼①云(张姬吴汴人,殉死年三十):

　　倾襟逾八稔,平生风义,谬承师友之间,讵知先我归真,垂死犹闻忧国语;

　　绕膝乏孤雏,事迹烟云,同付杳冥而已,所喜殉君有伴,靡笄难得侍书人。

　　此联风致洒脱,节奉铿然,即事摅情,可三击节,尤妙靡笄一词,备增衬托,如帛之配丝,酎(三重醇酒也)之济酿也。"靡笄"事出《史记·赵世家》:"襄子姊前为代王夫人。襄子阴令宰人枓击代王。其姊闻之,泣而呼天,靡笄自杀。人怜之,所死地名之为靡笄之山。"《吕览·长攻篇》记此事,作"反斗磨笄(又曰刺笄)"。《成二年左传》:"师至于靡笄之下。"字作靡。悫伯藉此以愧末世士夫,不得一殉节死难者,谁谓文辞无益人国哉。

【注释】

①张汝翼:字旦复,又字学斋(一作学庵)。清代经学家。

1935年6月24日

　　悫伯题京师绍兴会馆长联(左右各十二句五十七言),上联人杰,下联地灵,极数典缀文之能事,别录存《越缦外篇》,并检《史》《汉》及《一统志》笺注之,示侍读者检书之法。

1935年6月27日

　　文选烂,秀才半;

　　槐花黄,举子忙。

　　可作一对。

　　拟颜①寄庐曰"不其山馆",媵②以一联:

　　郑君③好学,粗览传记;

　　劳山养志,不知东西。

集《郑传》及《逢萌传》语。柬乞叔明④榜之。

【注释】

①颜：门框上的匾额。

②媵：送。

③郑君：指郑玄。

④叔明：指姜忠奎。1932年至1935年为国立山东大学中文系教授。1936年任广东编纂馆馆长及学海书院导师。

# 《不其山馆日记》第二册
### （1935年10月11日—11月15日）

**1935年10月11日**

夜席间尔玉①丐句楹帖，并其友刘士林各以治动植物名家者，今日为成联云：

鱼跃鸢飞，察而见意；
流寒岸断，游无所盘。（此句出张华②《鹪鹩赋》）

又倒用王维句：

门前学种先生柳；
道旁时卖故侯瓜。

【注释】

①尔玉：张玺，字尔玉。常以字行。时任国立山东大学生物系教授。
②张华：字茂先。西晋文学家、政治家。西汉留侯张良十六世孙。

**1935年10月12日**

中大教授黄侃，八日晚逝世，享年五十。

先成一联，以寄吾哀。

世人皆欲杀，吾意独怜才（杜句），传学无郑兴①，笺注等身一手定；
（《杜林②传》："河南郑兴……长于古学，尝师事刘歆。"③）
重有金樽开，何时石门路（李白《鲁郡东石门送杜甫》），抚尸恸脂习，死生负汝百年期。
（《孔融传》："脂习与融相善，每戒融刚直。融死许下，习往抚尸曰：'文举舍我死，吾何用生为？'"）

【注释】

①郑兴：字少赣。两汉之交时儒学大师。郑兴擅长历算，喜好古学，尤其

对《左氏》《周官》有研究，东汉研究《左氏》的人多半出自郑兴的流派，与当时另一个经学家贾逵合称"郑贾"，他们的学术流派被称为"郑贾之学"。

②杜林：字伯山。东汉初期古文经学家。杜林自幼喜欢读书，家藏颇富，又就学于当时著名学者张竦，故以博学多闻被世人称为"通儒"。杜林尤其精通《尚书》，他曾在西州得到漆书《古文尚书》，则视若珍宝，悉心研习，虽经战乱，但漆书从不离身。

③刘歆：字子骏。建平元年（公元前6年）改名为刘秀。古文经学的继承者，曾与父亲刘向编订《山海经》。其不仅在儒学上很有造诣，而且在校勘学、天文历法学、史学、诗等方面都堪称大家，他编制的《三统历谱》被认为世界上最早的天文年历的雏形。

## 1935年10月15日

先君子董①邑中"节孝祠"事，春秋丁祭，每以不获佳联，阐发之为憾。《楹联三话》载朱沧湄②观察制永嘉节孝祠联云：

儿女尽能之，一点热肠，三分血性；

家庭常事耳，察乎天地，通乎神明。

立意醇正，可更书而悬之。

邑治又有育婴堂，因略有余产，启觊觎者之心，今堂已废，安问卦联，但云湖都转题维扬城内保婴堂，联云：

随地遭艰危，貌是诸孤，更何望长我育我，顾我复我；

回天敷惠泽，谁非人子，敢或忘饮之食之，教之诲之。

客有诵长沙二曾祠圮易为"烈士祠"，时联云"烈士壮心犹未已，丞相祠堂何处寻"者，而其效可睹矣。

【注释】

①董：监督管理。

②朱沧湄：朱文翰，字良甫，号见庵，又号沧湄。乾隆进士。有《退思粗订稿》。

## 1935年10月16日

憧扰五六日矣，今日熏香补点《食货志》，又感腿重，不堪久坐，则贪杯之过也，呼侣为艰，倚栏自适，偶见挽某都转之清节者，云：

敬以持己，恕以接物，一息尚存，此志不容少懈；

生不交利，死不属子，九京不作，舍公其谁与归。

记储欣①《夫子为卫君乎》一章结比云：

生我之爱比于仇雠，一息尚存，此心何以自解；

空山之中蔼然孝弟，九原可作，至今如见其心。

八比②盛行之朝无不能诵之者，此联袭之而未化耳。（《宋史·职官志》："都转运使，掌经度一路财赋。"明曰"盐运使"，清改曰"粮道"）

孔宥函司马挽包慎伯③句云：

衰恨际时艰，孤恨荒愁，蹈东海而死；

文章憎命达，片言只字，与北斗长垂。

尚未贴切可因人存之。

吴会未平，是先帝与荩臣临终遗恨；

楚材方盛，愿后继□④我公不世勋名。

曾文正挽胡文忠⑤联也，以文句入联，湘乡创格而身跻厥美矣。（李笠翁⑥亦擅以文句入楹帖，究嫌不重，《楹联丛话》卷十二有数则可证也）

周南卿⑦茂才挽吴谷人⑧云：

湖山气并文章秀；

天地恩容出处宽。

终嫌套语，莅林⑨赏其俊拔，亦见一时风尚矣。

历下万佛山麓有酒家百花村，可贻以联云：

吊古车停万佛寺；

寻春人指百花村。

夜风不息，然灯观览，怡然自迨，不觉夜之长也。又成一联挽季刚：

丰芑眉叔，筮仕止于校官，看朴学丽文，汉室渊云成嗣响；（朱骏声⑩官黟县训导，扬州府教授。王诒寿武康训导）

汪狂赵侯，得年才满大衍，有喜孙居士，湖边梅鹤即传人。（易安居士⑪称明诚⑫曰：赵侯。明诚卒年四十九。汪中⑬卒年五十一）

【注释】

①储欣：字同人。清代宜兴人。自幼好学，精通经史。早年无意仕途，以制艺为业。直到60岁，始领康熙乡荐，一试礼部不遇，遂闭门著书。

②八比：八股文的别称。

③包慎伯：包世臣，字慎伯，晚号倦翁、小倦游阁外史。清代学者、书

法家、书学理论家。

④此处原著少了一个字。

⑤胡文忠：胡林翼，字贶生，号润芝。晚清中兴名臣之一，湘军重要首领，与曾国藩、李鸿章、左宗棠并称为"中兴四大名臣"。

⑥李笠翁：指李渔。

⑦周南卿：茂才，幼以神童名，娴吟事。家贫客游，足迹半天下，所至名公卿争迎之。

⑧吴谷人：吴锡麒，字圣征，号谷人。清代文学家。曾为翰林院庶吉士，授编修。

⑨茞林：指梁章钜。

⑩朱骏声：字丰芑，号允倩，晚年又号石隐。清代文字学家。

⑪易安居士：李清照，号易安居士。宋代女词人，婉约词派代表，有"千古第一才女"之称。

⑫明诚：赵明诚，字德甫（或德父）。宋徽宗崇宁年间宰相赵挺之第三子，宋代金石学家。李清照的丈夫。

⑬汪中：字容甫。清代哲学家、文学家、史学家。

## 1935年10月17日

理咏早行，续得句云：

无可奈何新宿草；

不如归去旧青山。

与周南卿"家累催人儿女大；名场责我友朋多"一联同样机杼。

潮州西湖在湖山之阳，萦绕于州之太平桥下，据府志云：宋庆元间知州林㟽开浚则得名。亦旧矣。幼年屡致湖边，仅记一联云：

湖名合杭颍而三，水木清华，惜不令大苏学士①到此；

山势分邨郭之半，楼台金碧，还须请小李将军②画来。

【注释】

①大苏学士：指苏轼。

②小李将军：指李昭道。李昭道，字希俊。唐代画家。唐朝宗室，彭国公李思训之子。曾为太原府仓曹、直集贤院，官至太子中舍人。擅长青绿山水，世称"小李将军"。

## 1935年10月18日

程春海赠林少穆①联云：
理事若作真书，绵密无间；
爱民如保育子，体会入微。（《楹联丛话》卷十二）
少穆最工作小楷，予家藏咸同玉堂诸前辈碎锦墨迹中有绢质一方，长三寸，广才盈寸，楷书：
手培兰蕙两三栽，日暖风和次第开。
坐久不知香在室，推窗时有蝶飞来。
款署铁桥七兄正之，林则徐。字学率更，闲静挺秀，弥见风流。
偶来付丙者；
便是识丁人。
题字纸炉。
门幸无题午；
人惭不识丁。
徐五（振烈）自题门，赏于曹石仓②学士者。
成文自古称三上；
作赋于今过十年。
范魏善佰题溷者，并可喷饭。
慎伯斋中自题一联云：
喜有两眼明，多交益友；
恨无十年暇，尽读奇书。
见胸次之骀荡。
未谷③集史书语为联云：
愿与不解周旋人饮酒；
难为不识姓名人作书。
则直如祖腹中所欲言矣。

【注释】
①林少穆：林则徐，字元抚，又字少穆、石麟，晚号俟村老人、俟村退叟、七十二峰退叟、瓶泉居士、栎社散人等。
②曹石仓：曹学佺，字能始，一字尊生，号雁泽，又号石仓居士、西峰居士。明代官员、诗人、藏书家，"闽中十子"之首。

③未谷：桂馥，字未谷，一字东卉，号雩门，别号萧然山外史。清代学者、文字学家、书法家、篆刻家。

## 1935年11月9日

起早，登东山迎晃暾，心苗油然。颖滨①诗云：
一去吴兴十五年，一寸闲田晓日暾。
天下事不足道也。
【注释】
①颖滨：苏辙，字子由，一字同叔，晚号颖滨遗老。北宋文学家、诗人、宰相，"唐宋八大家"之一。

## 1935年11月12日

张子仁①秘书长丧母赴，至受吊期已迫矣，即构联唁之，縢以绸成帐：
平反活几人，忠尔忘家，不疑亲承临没语；
（用哀启语意，以隽不疑传语衬之）
行役嗟予季，时艰奉檄，毛义犹有未酬思。
（毛义②传见《后书》刘平等传序）
【注释】
①张子仁：张绍堂，字子仁。追随韩复渠，历任书记官、祁州（现安国市）药剂局局长、军法处处长、河南省秘书长。
②毛义：字少节，东汉庐江人。自幼丧父，母子相依为命。家境贫寒，年少便为他人放牧为生，箪食瓢饮，奉养其母。母病伺候汤药，曾割股疗疾。逐以孝行称著乡里，举为贤良。

## 1935年11月15日

本日报载，前江苏督军在天津居士林礼佛，为一妇施①从后轰击三枪而毙，凶手自首为父报仇，孙②氏死于女子之手，菩萨之前，韵极甜极。旋见报有联谑之，为易窜如下：
当年威武安在哉，匹妇忘身，真所谓蜂虿有毒；

从此恩仇都了却，天堂咫尺，且休言菩萨无灵。

天和阁联话一则。方小东太守为桐城恪敏公③曾孙（按即方观诚谥），放诞不羁，工度曲。曾与伶工粉墨登场演剧，卒因此名登白简去官，后居金陵宫保旧第，穷老无聊，酒后牢骚放歌如故，侘傺④以终，薛慰农⑤观察挽以长联云（按：薛时雨）：

少年裙屐老犹豪，雍门琴，野王笛，贺老琵琶，慷慨悲歌，叹一官春梦无凭，也只如优孟登场，楼阁虚空，衣冠傀儡；

累叶簪缨今渐替，江令宅，段侯家，谢公某墅，生存零落，怅六月秋风先到，便从此广陵绝响，莺花黯淡，烟柳凄迷。

全以小令句法为之，驱遣如意，联长气举，不数数觏⑥也。

【注释】

①施：施剑翘，原名施谷兰。1935 年，其在天津佛教居士林刺杀直系军阀孙传芳。

②孙：孙传芳，字馨远。直系军阀首领。孙传芳历经大起大落，看破红尘，皈依佛门。1935 年 11 月 13 日，军统局借刀杀人，利用施剑翘为父报仇的心态，诱使施剑翘将孙传芳刺杀身亡。

③恪敏公：方观成，又名方观承，字退谷，号宜田。清代安徽桐城县人，平郡王幕客。以荐赐中书，官直隶总督。谥属敏。

④侘傺：形容失意的样子。

⑤薛慰农：薛时雨，字慰农，一字澍生，晚号桑根老农。清代咸丰三年（1853）进士，授嘉兴知县。

⑥觏：遇见。

# 《不其山馆日记》第三册

（1935年11月20日—12月29日）

## 1935年11月20日

张之洞继室王卒，张挽联云：

卿盛年吾将老，岂期见尔生天，检囊时刺血书经，泉下先归供一恸；

重文章爱文章，真可与夫偕隐，忆良夜剪灯读画，梦中践约或重来。

（《天和阁联话》）

未足践《锦瑟》①之尘也。李篁仙②两丧小星，题其墓云：

如此青山片石，三生无限恨；

是何黄土十年，双葬可怜人。

清脆可诵。

【注释】

①《锦瑟》：唐代诗人李商隐的代表作之一。诗题"锦瑟"，但并非咏物，不过是按古诗的惯例以篇首二字为题，实是借瑟以隐题的一首无题诗。

②李篁仙：原名寿蓉，字梦莹，号天影庵居士。湖南省望城县星城镇杉木桥人，谭嗣同的岳父。清代咸丰丙辰（1856）进士，授户部主事，转江汉关道及芜湖道，封荣禄大夫。

## 1935年11月24日

天和阁联话云：恩竹樵①方伯六月十一日生辰，时年五十四，俞曲园②寿以联云：

白香山五十四官苏州，早见诗篇满吴郡；

范纯仁③六月中赐生日，行看制草出坡公。

又金廉访④（眉生）耽诗好饮，喜谈经济，意气豪放，六十寿辰，俞联云：

推倒一世豪杰，拓开万古心胸，陈同甫一流人物，如是如是；

醉吟旧诗几篇，间尝新酒数盏，白香山六十岁□⑤，仙乎仙乎。

按上二联未见俞集，而确属曲园之笔，此老风雅名家，综其联帖，常乏酝藉⑥之气、雍和之象，性情为之，有非可以功力致之者也。

【注释】

①恩竹樵：恩锡，字竹樵，苏完瓜尔佳氏。清代满族诗人。

②俞曲园：指俞樾。

③范纯仁：字尧夫，谥忠宣。北宋大臣，人称"布衣宰相"。

④金廉访：金安清，字眉生，号倪斋，晚号六幸翁，室名偶园、耦园、半野楼、官同苏馆、曝背南轩。历升至湖北督粮道、盐运使、按察使。工诗，熟谙古今掌故。

⑤原文此处缺一个字。

⑥酝藉：亦作"酝籍"。指蕴藉、宽和而有涵容。

## 1935年11月26日

偶对一联云：

挽弓两石，宁识一丁；

让步终身，未及半里。

（《唐书·张宏①传》："汝辈挽两石弓，不如识一丁字。"）

湘乡之丧，丁雨生②中丞适丁内艰，挽以联云：

苦块剩余生，九原无伴应招我；

斗山今失望，四海何人不哭公。

又梁弼代某令撰联，亦未见融化，未能随曾公于九京也，联云：

庙堂之上则忧其民，江湖之远则忧其君，玉局恨缘悭一生，未识范文正③；

功盖天下而主不疑，位极人臣而主不忌，金钟铭业永千秋，同拜郭汾阳④。

【注释】

①张宏：张弘靖，字元理。唐代大臣，书法家。

②丁雨生：丁日昌，字禹生，又作雨生，号持静。清代军事家、政治家，洋务运动主要人物。

③范文正：指范仲淹。

④郭汾阳：郭子仪。唐代政治家、军事家。

## 1935年11月28日

章太炎：
韦编三绝①今知命；
黄绢初裁好著书。

【注释】
①韦编三绝：孔子为读《周易》而多次翻断了编联竹简的牛皮带子。比喻读书勤奋。

## 1935年12月4日

北江①赠阮芸台②介弟梅叔③（亨）联云：
第五之名齐骠骑；
十三此夜计心交。
程春海④赠梁茝林云：
洪容斋随笔成书，实著作之渊海；
范致能骖鸾有录，比宦游于神仙。（《骖鸾录》，宗范成大自中书舍人出知静江府（今桂林），纪行之书，用昌黎"远胜登仙去，飞鸾不暇骖"诗意）运典俱稳贴，而遣词有江海之别。
王梦楼⑤赠蒋心馀⑥云：
前辈典型，秀才风味；
华嵩品格，河海文章。
汪剑潭⑦云：
沽酒近交乡父老；
解衣平揖汉公卿。
以不解解之而已。
成文自古称三上；
作赋于今过十年。
居然大雅。（左思赋《三都》，构思十年，门庭藩溷，皆著笔纸）
生平集句有已为前人所发者，如题汕头义冢云：
掩之诚是也；

逝者如斯夫。

则刘金门⑧题义园句也。（见《楹联丛话》十二卷）

题芜湖隔山蟆矶山孙夫人庙云：

有情应识我；

遗恨失吞吴。

赠人云：

古董先生谁似我；

落花时节又逢君。

则并有所见，不记谁氏矣。

岁将除矣，拟寄易家庙大门联数字为：

江夏箕求旧；

阳春雨露新。

偶成一联云：

汉书读遍才五日；

三都赋成已十年。

（《北史·邢劭⑨传》："聪明强记，日诵万余言。尝霖雨，乃读《汉书》，五日，略能遍之。年未二十，名动衣冠。"）

【注释】

①北江：指洪亮吉。

②阮芸台：指阮元。

③梅叔：阮亨，字梅叔，号仲嘉。清代文学家。阮金堂之孙，阮承春次子，过继给阮元二伯父阮承义为子，阮元从弟。

④程春海：程恩泽，字云芬，号春海。清代学者、官员。

⑤王梦楼：王文治，字禹卿，号梦楼。清代官员、诗人、书法家。

⑥蒋心馀：指蒋士铨。

⑦汪剑潭：汪端光，字剑潭。由国子监助教官广西南宁府同知，庆远、镇安府知府。

⑧刘金门：刘凤诰，字丞牧，号金门，一号无庐，又号旧史氏。乾隆五十四年（1789）进士，授编修。

⑨邢劭：字子才。北朝大臣，文学家、藏书家，"北朝三才"之一。

## 1935年12月10日

南京吴保之以兄冠之之丧来赴，保之早孤，教养攸赖，据状曾管榷政者，裂帛写联吊之：

门户中年思昙首；

（《宋书》："王昙首①兄弟分财，昙首唯取图书而已。太保弘少弟也。高祖问弘曰：'卿弟何如？'弘曰：'若但如臣，门户可寄。'"）

盐铁谠论资仲舒。

（《汉书·食货志》："董仲舒②说上曰：'盐铁皆归于民。'"）

【注释】

①王昙首：南朝宋重要官员。东晋丞相王导曾孙，东亭侯王珣幼子。王昙首的兄长是南朝宋太保王弘。

②董仲舒：汉代思想家、哲学家、政治家、教育家。

## 1935年12月11日

其（缪德棻）和宋小墅宫保《年文重宴鹿鸣诗序》中警策一联云：

一枝簪司马之花，再邀君赐；

十稔恋季鹰之脍，又饫公庖。

按《司马光传》："中进士甲科。年甫冠，性不喜华靡，闻喜宴独不戴花，同列语之曰：'君赐不可违。'乃簪花一枝。"而簪花事亦始于宋。此联因稽司马故事，乃驱遣季鹰字样，与之作对耳。季鹰，张翰①字也，夫不达文人，为人作嫁，遂使四声徒为缟纻②之具，六义下侪巫祝之伦，可悲也夫。

【注释】

①张翰：字季鹰。西晋文学家，留侯张良后裔，吴国大鸿胪张俨之子。时人比之为阮籍，号为"江东步兵"。

②缟纻：比喻深厚的友谊。亦指朋友间的互相馈赠。

## 1935年12月12日

以引以翼，阶前之玉树交荣；

不后不先,海上之蟠桃齐熟。

可谓善颂善祷者矣。


## 1935 年 12 月 19 日

天津旧门人霍树楷矩庭(安阳。开封大学教授,习工业)以父丧来赴,据壮年七十有九,与县人常某等成五老会,早岁以兴商惠工起家,晚犹有远游山岳之志者。矩庭复相从开封,事校事予唯勤惟,且助予述著画图事,不可无以报也,挽以联云:

名山有志,恒岱华嵩,合如毕公长五老;

大匠之门,弓裘陶冶,故应诸子尽多才。

固始曹丹初理卿敏溪诸昆季汴游最悉,前年(癸末)已唁其内艰(有联),今日来赴晴轩太公之丧,据状年已八十有八,少年入泮①,即绝意仕进,奉亲训子孙以终云:

画图九老,桑海五朝,当代有几人,试回望西洛耆英,已如硕果;

誓墓盛时,传经晚岁,百年无多日,何遽随北堂萱草,空余荫庭。

夜成联已过四鼓矣,俯仰之间,谓天盖高,谓地盖厚,而无可为斯人地也。

【注释】

①泮:古代天子诸侯举行宴会或作为学宫的宫殿。也称泮宫。


## 1935 年 12 月 22 日

袁项城①督直②,五十诞辰,丁春农(象贤)寿联云:

五岳同尊,惟崧曰峻极;

百年上寿,如日之方中。

或云出阮忠枢③手。

樊樊山④联云:

召公在江汉,郭令老汾阳立德立功,吾楚以五月梅花为寿;

李愬嗣西平,曹彬举南院是父是子,彼苍为中华社稷而生。

前联誉满一时,因存其语尔。

【注释】

①袁项城:袁世凯,字慰亭(又作慰廷),号容庵、洗心亭主人,河南项

城人,故人称"袁项城"。近代政治家、军事家,北洋军阀领袖。

②直:直隶,旧省名,特指今河北省。因直隶拱卫京师,稍有动乱,便会危及朝廷,故直隶总督一衔非重臣莫属。

③阮忠枢:字斗瞻。袁世凯幕僚、民国时期政要。出身于淮军将领家庭,由李鸿章推荐入新建陆军,管理军制饷章文牍机务,成为袁世凯的重要参谋人员。

④樊樊山:指樊增祥。

## 1935年12月24日

与啸咸谈久,存所闻一联,有贵州听鼓①,经年不调,无以卒岁,自署其门云:

十年心似梅花冷;

一夕春随爆竹来。

适当道者微行见之,竟以此十四字得官云。

又有述"风送钟声穿树去;月移塔影过江来"一联者,究嫌纤巧。

旋见《天和阁联话》徐花农②(琪)贺曾汝嘉③(国荃曾孙)娶于黄,云:

后重阳四日,联福曜双星,将相两家夸并美;

舞莱彩齐眉,侍萱帏绕膝,曾元五世庆同堂。

花农素负词章佳誉,光绪壬辰、癸巳间按试粤东,颇惹讥弹,而到处题名,风流翩妙,此联则全袭其师曲园④窠臼,格调俱不高也。

又赵叔孺⑤娶于林,有贺之者云:

得与菊花为眷属;

本来松雪是神仙。

则全套只以菊花为生命,"本来松雪⑥是神仙"之前,对缟纻祝巫人事,恒有特以之入选者为眯目耳。

【注释】

①听鼓:官吏赴缺候补。

②徐花农:指徐琪,字玉可、花农,号俞楼,室名玉可盦、九芝仙馆、香海盦、瑞芝轩、青琅玕馆。光绪六年(1880)进士。授编修,历任山西乡试副考官、广东学政,官至兵部侍郎。

③曾汝嘉:名昭六,字汝嘉。复旦大学商科学士毕业。后曾为兵工署科

长、西南运输处秘书长、湖南实业公司副总经理等。清末重臣,太子太保曾国荃的曾孙。

④曲园:指俞樾。

⑤赵叔孺:原名润祥,字献忱、叔孺,后易名时棢,号纫苌,晚年自号二弩老人,以叔孺行世。清末诸生,曾任福建同知。

⑥松雪:赵孟頫,字子昂,汉族,号松雪道人,又号水精宫道人、鸥波,中年曾署孟俯。元初书法家、画家、诗人。


## 1935 年 12 月 27 日

拥衾阅《复堂①类集·称谓录》以永今夕,"身行万里半天下,僧卧一(龛)庵初白头",感怀系之。

【注释】

①复堂:谭献,字仲修,号复堂。有《复堂类集》传世,其论词言论由弟子徐珂辑为《复堂词话》。


## 1935 年 12 月 28 日

成丙子①新岁宅门联云:
丙舍常留半耕地;
子孙长读未烧书。
因树轩②联云:
因其材而笃焉;
树若人如禾然。
研墨写寄南中③。

【注释】

①丙子:指 1936 年。

②因树轩:"因树"出自《后汉书·申屠蟠传》:"乃绝迹于梁砀之间,因树为屋,自同佣人。"因树为屋:依树架屋。喻指隐居乡野。宋朱熹《答黄子厚书》亦有:"世间群小,无非敌国,便能因树为屋,自同佣人。"《因树山馆日记》是取黄任初在澄海的家塾"因树轩"之名。

③南中:指家乡。

## 1935年12月29日

蔡松坡①柩过南通，张啬庵②挽云：
非若辈可嗤，英名万古江流在；
慰我民以笑，侯船两旗风泊之。
夏同和③联云：
傅休期上马杀贼，下马作布，奈何勿能并寿，而仅有其才，是可哀已；
曹孟德治世能臣，乱世奸雄，不幸既与偕生，复相厄以死，岂非天乎？
更支蔓④矣。

【注释】

①蔡松坡：蔡锷，原名艮寅，字松坡。民国初期杰出军事领袖。

②张啬庵：指张謇。

③夏同和：清代光绪二十四年（1898）被光绪帝"亲笔御点"为戊戌科（恩科）一甲一名进士（状元），授翰林院修撰。光绪三十二年（1906），公派留学日本法政大学，是中国第一个以状元身份留学的人。清末、民初均入仕。书法家。

④支蔓：指芜蔓啰唆，不得要领。

# 《不其山馆日记》第四册

（1936年1月7日—2月7日）

## 1936年1月7日

佳联难得，以话济之，仁和吴印臣①好书、豪饮，酒罢不饭，曰："酒穀之精也。善病病则读书，少间已毕书盈尺矣。"袁珏生②侍讲挽之云：

不可自聊书养病；

如何能以酒充饥。

联不足道，事尚可书。

【注释】

①吴印臣：吴昌绶，字伯宛，一字印臣、印丞，号甘遯，晚号松邻。近代藏书家、金石学家、刻书家。民国后，任北洋政府司法部秘书。

②袁珏生：袁励准，字珏生，号中州，别署恐高寒斋主。光绪二十四年（1898）进士。袁励准授翰林院编修，会试同考官。民国后任清史馆编纂，辅仁大学教授。

## 1936年1月10日

里人陈朋初年甫过五十，昨柬来将于新上元日为其五子授室，容福不可及，为联书珊瑚锦笺嵌波黎①镜贺之（《后书·左雄传》："容容多后福"。小颜注：容容，犹和同也）：

第五之名齐票骑；

（《晋书·何准②传》事）

上元此夕种宜男。

（《影灯》记："洛阳人家，以灯影多者为上，其相胜之词曰：'千影万影。'又各家造郎君芋，食之宜男女。"曹植文："草号宜男，既烨且贞。"）

族兄峻六快函至，未发柬卜为催文之书也，并述其二子长简、长礼两月来连举二男，信吾家之庆，夜枕上为构二联，备其桃符换彩之用：

晋朝称二陆③；

魏世重双丁。

（《梁书》："到溉④字茂灌，弟洽字茂沿，皆有文才，兼善玄理，时人比之二陆，故世祖赠诗曰：'魏世重双丁，晋朝称二陆。何如今两到，复似凌寒竹。'"按华希闵《广事类赋·兄弟类》引作《南史》，既失实且世祖二字在《南史》亦为不词。《魏志》丁仪⑤、丁廙俱有文才，人称"双丁"）

两到双丁垂今望；

纪群谌忠著高名。

（《后汉书·陈纪⑥传》："纪字元方，弟谌字季方，与纪齐德同行，父子并著高名。"《世说》："陈元方子群，与季方子忠，各论其父功德，争之不能决，咨于其祖太丘，太丘曰：'元方难为兄，季方难为弟。'"）

【注释】

①波黎：指玻璃。

②何准：字幼道。东晋重臣何充之弟，其女法倪为穆章何皇后。不乐仕进，州府征其做官，皆婉言谢绝，终身不仕。家居奉佛，修营塔庙，不及人事，47岁卒。升平元年（357）追赠金紫光禄大夫，封晋兴县侯。

③二陆：指陆机、陆云。

④到溉：字茂灌，南朝梁代官员、学者、文学家。时以到溉、到洽兄弟比之"二陆"。

⑤丁仪：字正礼。丁冲之子，丁廙之兄。丁仪、丁廙，时称"双丁"。

⑥陈纪：字元方。陈寔之子。与弟陈谌俱以至德称，兄弟孝养，闺门雍和。与父亲陈寔和弟弟陈谌在当时并称为"三君"。

## 1936年1月19日

夜深，成联吊周鹤琴姻前辈：

敉绩播八闽，蟹匡蝉緌去思，自周公①栎园以还，吾见罕矣；

归田刚二纪，里歌邻相怀德，视范氏义庄②何若，或谓过之。

【注释】

①周公：周亮工，字元亮，又有陶庵、减斋、缄斋、适园、栎园等别号，学者称栎园先生、栎下先生。明末清初文学家、篆刻家、收藏家。

②范氏义庄：范氏指范仲淹。范氏义庄是范仲淹于皇祐二年（1050），第

三次被贬后在其原籍苏州吴县捐助田地 1000 多亩设立的。义庄田地的地租用于赡养同宗族的贫穷成员。他给义庄订立章程，规范族人的生活。他去世之后，他的二儿子宰相范纯仁、三儿子尚书右丞范纯礼又续增规条，使义庄维持下去。

## 1936 年 1 月 27 日

秦漱梅女士以母丧来赴，据状秦母生子五，女子子一，写十四言唁之：

万石封君严氏妪；

一经遗女伏家风。

（《汉书》："伏胜①年九十余，文帝使晁错往受《尚书》，伏生使其女传言教，错②得二十九篇。"）

【注释】

①伏胜：字子贱。汉朝时济南人。

②错：晁错。西汉政治家、文学家。汉文帝时，任太常掌故。朝廷征召研究《尚书》之人，晁错受太常派遣，奉命去济南跟随伏生学习《尚书》，接受儒家思想。

## 1936 年 2 月 2 日

姜崇德堂（山东荣城石岛姜家疃）以姜孙太夫人丧来赴，封面叔明手笔也，亡日为一月十三日，而予一月十六日尚接编纂馆聘书，亦叔明手书，发广州戳记为一月九日，则前姜母亡日仅有四日，叔明不及亲视含敛矣，按状，母生子五，叔明其菽①也（姜宅赴音如俗书作衋，叔明苦块②中无心订正也）。体弱不任，苦思二小时，乃定联稿如下：

北江路三千，恸绝洪生归棹晚；

（《清史·儒林传·洪亮吉传》："家贫，橐笔出游，节所入养母，及归，闻母凶耗，恸绝坠水，得救免。"）

东海号万石，齐讴严妪授经时。

（《汉书·严延年③传》："延年兄弟五人，皆有吏材，至大官。东海号曰'万石严妪'。次弟彭祖，至太子太傅。"在《儒林传》）

律诗平仄独严，词者诗余，则按谱而填，有时并清浊去入而不可易，其实皆根于自然声籁，古人未为定谱也，乃曰读千赋，谱千声而自得之（葛洪

《西京杂记》④："或问扬雄⑤为赋，雄曰：'读赋千首，乃能为之。'"），今试述联语之声响曰：凡四七格或五七格出联上句，脚字必平，下句有"平平仄仄平平仄"或"仄仄平平平仄仄"二格，只有第二句中着重实字眼何在。在第四字，则用"仄仄平平平仄仄"，如上联其一例也。在第二字，则须改弦更张，如改上联为"北江路三千，洪生恸绝归舟急；东海号万石，严妪经传文苑间"。

试举曾、左传联：

魂兮归来，夜月楼台花萼影；

行不得也，楚天风雨鹧鸪声。

湘乡挽弟国荃⑥战殁三河之联。

古谊契苔岑，论交我在纪群列；

骚心壮寥寂，并世天生屈贾乡。

左季高⑦挽李仲云语。

曾联平字在"台"字，左联平字在"交"字，不外以平顶平，以便杀仄。所谓前有浮声后须切响，不传之秘只此耳。排比前句而钩稽之，自有余师，思此曾似未经人道，因书之以谂来者。

【注释】

①叔：见《字汇·小部》："未，与叔同。"季父也。

②苫块：古礼，居父母之丧，孝子以草荐为席，土块为枕。

③严延年：字次卿。西汉酷吏。少习法律，初任郡吏。后历任御史属官、侍御史、御史掾、好畤县令、长史、涿郡太守等职。严延年兄弟五人都有吏才，皆做大官，五子俸禄"万石"，东海郡人称他们的母亲为"万石严妪"。

④《西京杂记》：汉代历史笔记小说集，其中的"西京"指的是西汉的首都长安。汉代刘歆著，东晋葛洪辑抄。

⑤扬雄：字子云。西汉官吏、学者。

⑥清咸丰八年十月，湘军李续宾部与太平军陈玉成部于三河镇会战，曾国藩胞弟曾国华于是设阵亡。此处"国荃"应作"国华"。

⑦左季高：指左宗棠。

## 1936年2月3日

宜兴丁惠民（康）小文虫书殊妙，时京雒之游亦一文字之友，使其子受业于余，小学算学已有小就，今日竟以殁闻，由韩向方①旧主具衔徵简，丁宅

未来赴也,写十四言酬之:

  兔园知定惭敬礼;

  虎观论经失孝公。

(《后书》:"丁鸿②字孝公,论定五经同异于白虎观。鸿以才高,论难最明。时人叹曰:'殿中无双丁孝公。'")

【注释】

①韩向方:韩复榘,字向方。中华民国时期军事将领,冯玉祥手下的"十三太保"之一。

②丁鸿:字孝公。东汉时期名儒、大臣。以因袭封阳陵侯,大办学堂,受明帝赏识,召拜侍中兼射声校尉。

### 1936年2月7日

忞伯贺一徐姓得乡举联云:

  孝穆文章,宜在台阁;

  伯进年齿,早与公车。

# 《因树山馆日记》第一册
（1936年2月25日—4月28日）

1936年2月25日

　　清华大学馆诸教师横舍中，不免有卢呼雀戏，罗某①长斯校时下令禁之，又适有废菊圃一事，陈寅恪集唐句为联云：

　　庄梦至今犹未醒；

　　鞠花从此不须开。

　　传诵几遍，此亦有所本，但影射不同耳。《淡墨录略》：庄方耕②（存与）好取短文，与山东鞠恺典试浙闱，检遗卷高毓龙领解元，决为名宿，鞠不敢与争，榜揭乃素乏乡曲之誉者，故浙人集此嘲之云。庄鞠切两主考姓，而寅恪则以庄为博场，庄家弥徵射覆之巧。

【注释】

①罗某：指罗家伦。清华大学首任校长，使清华大学由教会学校转为国立大学。

②庄方耕：庄存与，字方耕，号养恬。

1936年2月27日

　　昨日在有信晤一陈姓者，因问五爷来否，彼愕眙不知所云。五爷者，王五雁洲，垂髫①之交，从先兄荪五先生游，与从弟际可同岁生也，并与峻六为四十年昵友。晚岁遭家室辄轲②，子侄顽逆，不克自宽，时发忿戾。夏间一晤，自卜不永，渴葬其母，毋俾停棺，然不意其已于腊月十七日瘁死也。彼既不赴，予家人或并不闻，然此月之朔③，能不往吊之而稍赋之耶。念斯磨之友苓落尽矣，芊芊春雨，感逐潮生，徙倚楼船，成联代吊，并谕三儿具礼往敏④之，即柬呈峻六，彼于其子之不肖，深致咨嗟也：

　　笠盟逾卅载，平生蛮驱，谬承师友之间，讵知不赴不封，过车竟负桥公约；

膝绕号七之,它日若敖,付诸渺冥而已,所幸事兄事母,誓墓甫完右军心。
【注释】
①垂髫:亦作"垂龆"。指儿童或童年。
②辄轲:坎坷。
③朔:农历每月初一。
④敂:古同"叩"。

## 1936年3月9日

《孟子》"王之不王"可对"朝将视朝"(前对)。
《左传》"姜其危哉"可对"虞不腊矣"。

## 1936年3月12日

王梦楼题句容①骆女史(绮兰)《秋灯课女图绝句》云:
一灯双影瘦伶俜,窗外秋声不可听。
儿命苦于慈母处,当年有父为传经。
信曲而能达者。曾宾谷②《听秋轩诗序》即谱其事结联云:
不愧门风,四杰宾王之裔;
试询乡里,六朝帝王之居。
补出姓系里居,此点睛之法也。
【注释】
①句容:位于江苏镇江。
②曾宾谷:曾燠,字庶蕃,一字宾谷,晚号西溪渔隐。官至贵州巡抚。清代诗人、骈文名家、书画家和典籍选刻家,被誉为"清代骈文八大家"之一。

## 1936年4月20日

姚太公(老世伯百岁冥祭):
再命而伛,一命而偻,世有达人,问字亭前钦明德;
葬以三鼎,祭以五鼎,礼由贤者,泷岗表后无异词。

张母姚夫人生祠颂寿（秋老①女兄子季熙、女孙荃②并有令誉，明年七十，其族敦为生祠祝之）：

如此女师，以司徒为父，兰台为弟，合有左芬子幼，远绍馨芳，南国荫葛，累欲筑怀，清客巴妇；

乃瞻衡宇，伐忠孝为栋，贞顺为梁，况逢沛相汉家，树之绰楔，他年奉高，行故应县，祀膰桓厘。

【注释】

①秋老：指姚秋园。

②荃：指张荃。

## 1936年4月21日

是日又成挽联二首，则一笔呵成，饶手挥而目送之矣。夜在石牌初浴。

张卓南太公（张生云子春尊人）讣来，据状通灸术，老病便溲不通，以三月初十日殁：

针石上传郭涪翁，一经遗子，又远令江汉担簦，门下三年居，善数我惭商高①术；

显扬可方梅定九，绝学匡时，犹归及抑搔尝药，椿阴百岁尽，攀柏人认王褒②庐。

（《后汉书·方术·郭玉③传》事）

潮安陈小豪以父丧来赴，年八十四，与陈寔同即用寔，父子传语，成十四言寄三儿写吊之：

有子不减元方誉；

数庚亦齐太丘年。

【注释】

①商高：西周初数学家。约与周公旦同时期人。在公元前1000年发现勾股定理的一个特例：勾三，股四，弦五。早于毕达哥拉斯定理五六百年。

②王褒：西汉时期辞赋家，与扬雄并称"渊云"。

③郭玉：东汉广汉郡人，当世名医。少从程高学医术。和帝时为太医丞，医道高明，兼重医德。

1936 年 4 月 28 日

传白下①一联：
孙氏骷髅陈氏客；
蒋家兵马宋军为。
为之三日大索，一夕数惊云。

【注释】
①白下：指南京。

# 《因树山馆日记》第二册
（1936年5月6日—6月26日）

1936年5月6日

当代经师郑东海①，马扶风抗前贤为伍；
此间旅殡荀兰陵②，苏玉局得夫子而三。
惜不辨出谁手笔。

【注释】
①郑东海：指郑康成。
②荀兰陵：指荀子，名况，字卿。战国末期赵国思想家、文学家、政治家，时人尊称"荀卿"。

1936年5月17日

夜与王士略①竞背佳联，如黄花岗一联云：
荒冢近黄花，几番风雨；
霸图数青史，如此江山。
传出时人谢英伯②手杰构也。

【注释】
①王士略：王越，字士略。
②谢英伯：原名华国，号抱香居士。广东嘉应（今梅州）人。辛亥革命时期著名报人。

1936年5月20日

五层楼①联云：
五岭北来，珠海最宜明月夜；

层楼远望，白云犹是汉宫秋。

传出胡展堂②手，可令人"先生在上莫吟诗"矣。

某寺联云：

如是我闻，虫声鸟声风声雨声和满院树声，入斯门一声顿悟；

即今所见，山色月色云色树色集四时景色，到此地众色皆空。

尝闻之矣，王士略为予述。

【注释】

①五层楼：又名镇海楼，坐落在广州越秀公园。该楼同时也称为"望海楼"，因当时珠江河道甚宽，故将"望江"变为"望海"。又因楼高五层，故又俗称"五层楼"。

②胡展堂：胡汉民，幼名胡衍鹤，后改名胡衍鸿，字展堂，晚号不匮室主。资产阶级革命家，国民党早期主要领导人之一。

# 1936年5月21日

吴太史道镕①，字玉臣，号澹盦，番禺人，光绪庚辰进士，改翰林院庶吉士，授职编修，澹于仕进，历主金山韩山丰应元书院，监督高等学堂，以前日夕（闻三月二十八日亥刻）卒，从此东南耆硕儒尽矣，宜白首门生为予之而累欷也。秋老②视敛后夜成三联举以商榷：

瘁精力廿年，方蕲半载，汗青踵文献文海成规，独有宝书光岭表；

享遐龄八四，凄绝三春，日莫继崔公李公怛化，空余老泪洒禹山。

为广东艺文编纂馆同人作：

百卷订文征，翁山选政以还，成兹钜著；

千秋留遗稿，子大梦斋而后，直至先山。

此联署门下姚梓芳。

秋老属③予必撰一联，昨日偕静斋待予成发，洎晚方归，即为此也，三易未定，先存草稿：

时论仰韩公，泰山北斗，姓而不名，教泽播庚岭以东，况张籍从游，亲受遗编待来者；

史臣称太丘，据德安仁，道训天下，传否关斯文之重，只王戎④后至，敢从私淑谥先生。

【注释】

①吴道镕：原名国镇，字玉臣，号澹盦。广东番禺人。光绪六年（1880）

与同乡梁鼎芬同科进士，入翰林院，散馆授编修，中年辞官返粤不复出仕，自此"被服儒素，讲学终其身"。历任潮州韩山、金山，惠州丰湖，广州应元、越秀等书院讲席、山长。

②秋老：指姚梓芳。

③属：同"嘱"，叮嘱、嘱咐。

④王戎：字濬冲。西晋名士、官员，"竹林七贤"之一。王戎出身琅琊王氏。长于清谈，以精辟的品评与识鉴而著称。

## 1936年6月5日

《缘督庐日记钞》①十六卷，长洲叶昌炽②著，所作联可录者如挽东苏云：

其亡也忽焉，父先兄后旋以身从，厚德如兹，而不永年，令我心灰如废井；
彼逝者已矣，弱息遗孽皆未死责，重泉可作，当求无愧，莫教腹痛到临岐。

挽周师云（原不记名）：

杖履捌平生，岂堪粤峤归来，正值师门悲薤露；
弦歌留遗爱，不仅秦邮多士，相从横舍奠椒浆。

挽郑盦③师（按潘文勤）：

亲炙我尤深，梁木惊摧，枕膝遗闻悲孟喜；
嗜痂公有癖，箧书犹在，赏音并世泣桓谭。

自云虽不工却纪实也。

挽徐伟侯④丈云：

承明广内，著作之庭，三世巍科，辉映景龙文馆记；
善权张公，神仙所宅，千秋华表，凄凉化鹤故乡情。

挽蒿隐⑤云：

吾吴经学大师，自宋于庭陈硕父，并传两汉微言，春水浮溪，每思键户罩精，早归写定礼堂本；
贱子童子投分，若府襄延管操羖，皆已九京不作，秋风燕市，今又凭棺长恸，后死忍辞窆室铭。

（按：鯆鯟，江豚也。段注：即今之江猪。吴东门谓鳟鯟门，即今苏州葑门。）

此叶联之佳者，亦以交厚，故言之者挚，而其人又确有可挽者在。

挽子培⑥云：

母联恤纬见鲁犛揽辔澄清有子同怀微管；

略传经钦韦母披帷涕泗孤儿早废匪莪诗。

挽柯庭母：

皋庑停踪，邻巷春声应不相；

庐陵秉训，泷冈阡表待重开。

诸联不无有未圆到，兹事本有限之者也。记中抄存之联，亦移数则，以广予之泥爪焉。

虞山清凉寺门联：

长啸一声，山鸣谷应；

回头四顾，海阔天空。

绝境旷怀都能写出者，短联之胜长联者，言简意赅，声沉响遏也。

鞠裳随叶郋亭輶轩按临南粤，始则学使之，继则郋亭之，终则夫己氏之。依人礼士，两不易也，晚年又郋亭师之矣。其在吾潮试院见覃溪⑦一联：

中和乐职，能奏赋者，千人忆昔，拈题徵左海；

寒暑论文，记赏心乎，四序竟成，到处有西湖。

亦未超脱存野乘焉耳。

丰湖书院程乡宋湘⑧一联：

人文古邹鲁山水小；

蓬瀛不惭才子之笔。

程乡明时隶潮州，有以芷湾为潮州者。李壬叔⑨在京自撰门联云：

小学略通书数；

大隐不在山林。

粤东抚署成格联：

花石一庭，是亦中人十家产；

轩窗四面，可无广厦万间心。

殊称。

鞠裳长子死，其荐卷房师子勤挽联云：

鱼龙百变，风雨争飞，校艺得雄文，方期海录成；

书史笔克，绳名父武，金刀掩芒长，准绝涒传经。

余著目留得《斜川小集》⑩清才合让后来多。秦幼蘅挽之云：

天道本慈，使我辩情续司马；

诗人遗事，为君雪涕说非熊。

沉痛典切矣。

【注释】

①《缘督庐日记钞》：清末民国学者叶昌炽《日记》的精华本，是王季

烈从《缘督庐日记》原稿中抄录。

②叶昌炽：字兰裳，又字鞠裳、鞠常，自署歇后翁，晚号缘督庐主人。晚清金石学家、文献学家、收藏家。

③郑盦：潘祖荫，字在钟，小字凤笙，号伯寅，亦号少棠、郑盦。清代官员、书法家、藏书家。

④徐伟侯：徐家杰，字冠英，号伟侯。曾任山东益都县（今青州市）知县。晚年任北京金台书院山长。

⑤蒿隐：王颂蔚，字芾卿，号蒿隐，初名叔炳。同叶昌炽、袁宝璜合称"苏州三才子"。

⑥子培：沈曾植，字子培，号巽斋，别号乙盦，晚号寐叟，晚称巽斋老人、东轩居士，又自号逊斋居士、癯禅、寐翁、姚埭老民等。清末民初蒙元史地学家、书法家、史学家、"同光体"诗人、朴学大师。

⑦覃溪：翁方纲，字正三，一字忠叙，号覃溪，晚号苏斋。清代书法家、文学家、金石学家。乾隆十七年进士，授编修。

⑧宋湘：字焕襄，号芷湾。清代诗人、书法家、教育家，政声廉明的清官。

⑨李壬叔：李善兰，原名李心兰，字竟芳，号秋纫，别号壬叔。近代数学家、天文学家、力学家和植物学家。

⑩《斜川小集》：《斜川集》10卷，旧本题宋苏过撰。过，轼之季子，字叔党，自号斜川，事迹附载《宋史·苏轼传》。

## 1936年6月6日

竟日读《缘督庐日记》，鞠裳诗文不俱存日记抄中，其晚作楹联（辛丑，五十三岁以后）。如为苏松太同人公祭李合肥云：

提一旅偏师，以苏松太为发轫之区，民到于今受赐；

论中兴元老，与胡曾左虽同舟共济，公尤独任其难。

荡气浑灏，立言得体，甲午、庚子两役之合肥，群疑所萃，故下笔尤难也。

贺张又履娶子妇云：

清河书画妆楼记；

燕国文章女史箴。

切合张姓而已。

挽张少棠太守云：
巴燕戎起家，扬历清时，衢讴先播湟中郡；
华不注归旐，驰驱尽瘁，乡梦犹系栎下亭。
挽外祖母云：
廿年违侍，幸度陇使旋，斑日孙行，寝门犹得瞻颜色；
百岁考终，值旌闾诏下，炜彤母范，中垒相传有典型。
又代作其灵前联云：
四世一堂，溯祖父以来，皆在起居群从列；
五朝百岁，如神仙之寿，合登忉利上清班。
《抄》中丁未①以后存联较多，然愈寡特至者，更不俱选也。
挽章式之②母云：
韦帐楹书，文史校雠两通义；
泷冈阡表，工容言德四徽猷。
不免凑合之迹。又于女氏多不著其本姓，记法亦疏。
挽五妹威姑云：
大家家风，巷绩相闻，百两忆占归妹卦；
众母母教，楹书克绍，八公早遍惠人讴。
按此八公指安徽凤台县"苻坚望八公山上，草木皆晋兵"。
挽姜颂青子云：
公谷双声，方期艺圃弓裘，克承家学；
优昙一见，不意羡园尊酒，遽隔人天。
挽任逢辛③母云：
蜀道板舆，林下归来，息壤敢忘三载约；
韦家绛幔，闺中遗训，钓台本有一本书。
挽铜井云：
都门谭艺，台峤题襟，晚岁托比邻，尊酒招邀，相去一牛鸣地；
邓尉梅花，天平枫叶，新年悲老友，履綦销歇，更谁联骑寻山。
挽春江师云：
为国一个臣，乡望尤孚，岂惟开府壮猷，旧部耆民栾社祭；
及门三十载，师恩未报，不料奠楹妖梦，新年长恸浙江潮。
寒山寺楹帖云：
木屐桦冠，世外寒岩，颂古相传如雪窦；
钟声塔影，山塘精舍，到今依旧属云阳。

《后书·宣秉④传》："帝尝幸其府舍，见而叹曰：'楚国二龚不如云阳宣巨公（秉字）。'"

挽允之云：

八月观涛，闻海澨幽忧，愧我难为枚叔赋；

五旬证果，念门墙高谊，惜君误读计然书。

挽汪徽轩帖：

桃花潭水，昔日论文，沧海桑田惊已变；

桂子秋风，秋天证果，琼楼玉宇不胜寒。

按上二联已属辛亥八月之后。

挽石麟云：

双凫江上，归耕皂帽，藜床老去，共怀遗世恨；

三凤里中，奋起青灯，芸案儿时，犹忆读书声。

（嶂字曰：岘首去思）

挽陆凤石⑤云：

平生事陆宣公，尚在童年，溯奉教官箴道义，相期白首，沧桑同一恸；

祈死如范文子，克完晚节，诵饰终恩诏哀荣，无忝丹心，汗简照千秋。

又云昨闻陆文端诔词，伯潜前辈一联，都门传诵：

来日大难，及此全归天所督；

个人又弱，既为后死责奚辞。

然下联气不足以举之。

诔仲侯甥妇云：

后仲父化去两旬，正当梧叶飘残莲社，往生超九品；

与吾甥相庄廿载，不待荔支挺出兰喈，晚获有双雏。

此必言其侍妾未出，晚有二子也，作女妇颂挽，非谀则泛，兹联能委曲写出之。挽李振唐母云：

有子如苏长公，试吏峤南渡海，板舆登泂酌；

其家出胡安定，作嫔江右表间，彤管炜陇阡。（应作泷）

是善从里姓著想者。

它联之附见者尤如吴挚甫挽合肥云：

教我两言，与元气俱，又入无间；

别公千古，为天下惜，且哭其私。

李之侄婿刘季孺联云：

邈然葛亮云霄，待蜀老能言，定多故事；

愧我王郎天壤，为谢公长恸，诚属苍生。
闻于翚若之笔。
张燮钧挽襄平师（死于庚子）云：
殉国即完人，传忠况有令子；
盖棺无定论，公道自在千秋。
为死者发隐痛也。

【注释】
①丁未：指 1907 年。
②章式之：指章钰，字式之，号茗簃，一字坚孟，号汝玉，别号蛰存、负翁、晚号北池逸老、霜根老人、全贫居士等。近代藏书家、校勘学家。藏书室名四当斋。
③任逢辛：任锡汾，字逢辛。光绪丙子（1976）举人。
④宣秉：字巨公。东汉廉吏。
⑤陆凤石：陆润庠，字凤石。同治十三年（1874）状元，官至都察院左都御史。辛亥后，留清宫，任溥仪的老师。

## 1936 年 6 月 24 日

姓名作对，宋已盛行，"申屠寅①有声大学"或以对"少正卯②（行父申字）意甚不乐"。申屠古司徒也，对少正尤切，不独寅与卯对也。

【注释】
①申屠寅：定安乡人，南宋乾道五年（1169）进士，官至江东参议。
②少正卯：少正是氏，卯是名。春秋时期鲁国的大夫，能言善辩，是鲁国的著名人物，被称为"闻人"。

## 1936 年 6 月 26 日

弄獐宰相①；
伏猎侍郎②。
是天然妙对。
苏诗云：
甚欲去为汤饼会③，惟愁错写弄獐书。
用《李林甫传》事也。伏腊误读伏猎，见《唐书·严挺之传》。腊，卢盍切，合韵。猎，良涉切，叶韵。今北人尚读如略与腊字，截然不同音。"吾潮误呼猎如腊，无人可笑萧侍郎"也。

【注释】

①弄獐宰相：指唐朝宰相李林甫，李林甫曾写信庆贺亲戚生了孩子，将"弄璋"（古称生男为"弄璋"，璋为玉器）写成了"弄獐"（獐为野兽）。遂以"弄獐宰相"来戏称没有文化的权贵。用"弄獐书、弄獐"等嘲笑权贵写错别字，没有文化知识。

②伏猎侍郎：指唐户部侍郎萧炅。因其曾将"伏腊"读为"伏猎"，故被讥为"伏猎侍郎"。后泛指不学无术的人。

③汤饼会：旧俗寿辰及小孩出生第三天或满月、周岁时举行的庆贺宴会。因备有象征长寿的汤面，故名。

# 《因树山馆日记》第三册
(1936年7月3日—9月19日)

1936年7月3日

偕林鹤皋来祠堂款论文艺久矣，夫无此乐矣。鹤皋述梁节庵挽陈昭常联云：

关中见赏陆尚书，回思万里驱车，行在烽烟诗一束；
天上若逢陈表弟，为道孤臣种树，崇陵风雨泪千行。

1936年7月4日

竟日与镐臣对坐，记所述一联，云张孝达①挽曾湘乡云：

韩②苏③无武，绛④灌⑤无文，综数子所长，勋名巍焕；
泰华之高，洞庭之大，叹哲人其萎，云水苍凉。

辩色审声亦可知出南皮之手，惟"泰华"一语不若易为"衡岳"，风光本色，弥见地灵。

【注释】
①张孝达：指张之洞。
②韩：指韩愈。
③苏：指苏轼。
④绛：指绛侯周勃。西汉开国将领、宰相。
⑤灌：指灌婴。汉朝开国功臣，官至太尉、丞相。

1936年7月7日

客来，因缕述乙丑飞鲸之险①，当日仅以身免，累累如丧家之犬，甫入里门，犹及亲吊陈仰松茂才之丧，为客诵及所挽之联，尚有余悸：

有子能承桑脉蓬矢之思，出门日已遥，未敢以壮学远游拘守治命；
在我方从漏舟盗窟劫后，入乡情更怯，犹幸有只鸡斗酒来哭先生。
【注释】
①乙丑飞鲸之险：乙丑指1925年。乙丑年冬，黄际遇转道上海，乘"飞鲸"号海轮回汕头，途中触礁，又遭海盗洗劫，随身携带的著作、衣物等荡然无存，仅以身免。

1936年7月29日

缀一联云：
坐久忘机无客至；
生来爱好是天然。

1936年7月31日

先大夫八十祝寿时，海阳庄焕文（亦章）明经年已七十，与先子同举同治丁卯秀才，两悬二榜仅此二人，明经手制联曰：
公登大耋我亦古稀，六十年泮水，同游仅存硕果；
子列贤书孙将学士，七千日韶华，再度并祝期臣。
称情之作也。

1936年8月8日

陈次宋新遭母（丁元）丧，走使唁之，闻其问于使者曰：可得一联呼。次宋比邻通家也。口占成之（款曰：陈节母丁嫂夫人）：
太夫人丁貌是诸孤之艰，靡笄画荻，大义凛然，十步草芳，绰楔欲方陈孝妇；
贤少君秉聿念尔祖之训，九教楗书，厥德无忝，百年萱萎，闻雷共护王哀庐。
（《晋书·王裒①本传》："母性畏雷，母没，每雷辄到墓曰：'裒在此。'"）
【注释】
①王裒：字伟元。东汉大司农郎中令王脩之孙，司马王仪之子。西晋学

者，因父为司马昭所杀，不臣西晋，三徵七辟皆不就，隐居教授，善书。

### 1936 年 8 月 12 日

归构一联唁杨渌川内艰[①]：
论年亦齐欧母寿；
（据赴七十三岁）
叨饩尝纳茅容交。
原成一长联，后一笔句去汰尽陈言，存"环滁皆山也"[②]五字足矣。
【注释】
①内艰：古代称遭母丧。
②环滁皆山也：出自欧阳修《醉翁亭记》。

### 1936 年 8 月 13 日

自榜一联曰：
生计忧花事；
关心到雨声。
尚为称情之语。

### 1936 年 8 月 16 日

初更雨止，檐下一席，亦有千秋，口占集句联云：
醉卧沙场君莫笑；
金石刻画臣能为。

### 1936 年 9 月 19 日

报载桂洲（花溪）忠愍祠祀宋丞相吕武灵侯，而又不能举其人，其里人陈秀才联尚可诵，联云：
捍大患则祀之，几经荡寇消氛，障保一方崇俎豆；
求其人则凿矣，有此忠魂毅魄，江流万古溯衣冠。

此联妙处在下联首句用"子曰:'作者七人矣'",李氏注语。当日帖括家有此相题法也。

前日见吴荷屋①中丞一联,从化刘庐云:

好学深思,心知其意;

奇文异理,日陈于前。

挺瘦可爱。

【注释】

①吴荷屋:吴荣光,字伯荣,一字殿垣,号荷屋、可庵,晚号石云山人,别署拜经老人。清代官员。善于金石、书画鉴藏,且工书善画,精于诗词。

# 《因树山馆日记》第四册

(1936年9月27日—11月4日)

**1936年9月27日**

忆蜀馆"锦江春"悬联云：

锦里酒初香，应将郫竹千筒分来岭外；

江南春正好，可许梅花一曲唱到尊前。

署名但懋辛①（蜀人），轻珑可口。（秋老索最近日记一册留阅）

南昌彭文勤公元瑞②，尝辑宋人四六，为艺林传诵，所著《恩余堂经进稿》中亦多典重浑成语，如：

天下有三重议礼制度考文；

圣人考百王夏造殷因周监。

天子所至曰幸，以德为车，以乐为御，以人情为田；

大德之致永年，如月之恒，如日之升，如南山之寿。

是谓太平之世，曰雨而雨，曰旸而旸；

则知小人之依，先忧而忧，后乐而乐。

有象之春夏秋冬，孰主张是，孰纲维是，孰居推行是；

无形之阴晴雨雪，我润泽之，我渗漉之，我氾布濩之。

十二时不翼而飞，天之所助者顺；

千万里如指诸掌，圣不可知谓神。

奉三无私，圣人之所作也如覆载照；

致四必得，昊天其予之（有脱字）以保佑申。

国家丰亨豫大，再筹三十年之通；

民户朝饔夕飧，或鲜千万斯之积。

富非藏国；

和本因民。

矧当太仓之陈陈相因；

何如高廪之多多益善。

（《蠡勺编·录松轩随笔》）

【注释】

①但懋辛：字怒刚。民国陆军上将。参加过黄花岗起义，是"四川九人团"中仅次于熊克武的第二号人物。

②彭文勤公元瑞：彭元瑞，字掌仍，一字辑五，号芸楣（一作云楣）。清代大臣、学者，楹联名家。

## 1936年9月29日

湘绮联故佳，彼自云："名士做不得，然非谓为词人之笔不可也。"挽章凤渠云：

城南旧友散如烟，惟与君廿载数相逢，最难忘夏口藏船，湘东酿酒；

新岁遨头载满月，惊此日重来成永诀，忍独看园中柚析，池上荷枯。

挽常晴生母云：

以不死济忠臣列妇之艰，虎口夺诸孤，擘脱衿缨今绕膝；

当中年见家国盛衰者再，鹫峰参六观，老生病苦不妨心。

上联多用词句，其辞悱。下联冠以文句，其气举。

黄五挽联①云：

万骑肃军门，拊背嫣然，想见裼裘公子；

斜阳依宝应，伤心行处，不逢飞舄王乔。

（黄名上达，于从中拊某督背曰：阿利。又尝摄宝应）

挽王春波云：

生同姓籍同名，又鄂渚同游，官阁谈心移月影；

病相继火相惊，更兵符相迫，清泉余响咽琴声。

挽仪安云：

灵药乞来迟，遥知鹤欸秋寒，洒血未倾家国恨；

保安团练在，当此猬毛盗起，上游真觉桂零空。

又一联（其亲家邓弥之作）：

过大梁者尚想夷门，况余同谱，倾襟空向衡云哭公子；

得剧孟者隐若敌国，方冀维桑，借箸顿令承水失长城。

其语弥壮。

挽萧屺山章京母云：

郎君许入禁廷，名誉动公卿，谁知画荻丸熊苦；

新妇初谙食性，晨昏奠羞膳，犹是陔兰汨鲤心。
寄题莫愁湖亭云：
莫轻他北地燕支②，看画艇初来，江南儿女生颜色；
侭消受六朝金粉，只青山无恙，春时桃李又芳菲。
湘绮记云："李云丈昨与余言，向老久静，不知七情为何物，余已能去怒、惧、恶、欲矣，而未忘哀、乐，亦缘文词为障，庄子所谓以香自煎也。"孟子曰："我四十不动心。"湘绮此记年四十，恐未足以当此一言，好为大言谓识过，孟坚才可宰相，宋代无真才，红毛不足平胥此类也，惟"哀乐障人香词自煎"，亦于此事未能忘情。

【注释】
①黄五挽联：挽黄上达联。
②燕支：指胭脂。

# 1936年9月30日

辍课，午枕阅湘绮同治壬申、癸酉①日记一册，联有佳者，分别存记：
挽曾侯云：
平生以霍子孟张叔大自期，异地不同功，饻定仅传方面略；
经术在纪河间阮仪征之上，致身何太早，龙蛇遗憾礼堂书。（龙蛇见《郑玄传注》）
挽正斋母云：
壹仪礼法自成家，忆当时总角娭游，两孤成立，岂料衰门难盛，屯难偕臻，一失母一亡儿，凄绝庚申悲往事；
姑氏凋零危若线，惟令子湘城流寓，三徙传名，即今莫岁看孙，诗书有泽，传贤明传贞顺，编题甲乙补刘书。
挽胡蓟门云：
湘水古伤心，恨十载人来，拍岸惟奔千叠浪；
遗书终不负，便万金家散，凿楹犹有十三经。
雁峰东寮联云：
明窗啜茗，时半日间三日，忙须勘破庭前竹影；
画船携酒，处衡山月巇山，雨冷思量城外钟声。
上三联无一不恰到好处。
代亦峰挽兄云：

玉堂雅步继家声，恨无缘视草，有分栽花，度陇驰驱五千里，待得宦成名立，日望归来，又谁知寓馆空存，菟裘未卜；

柳絮联吟原乐事，奈野藿长饥，蜀茶频寄，累兄营护十余年，自怜镜破珠沉，天生薄命，到此日梧桐半死，荆树仍摧。

亦见功力。

【注释】

①壬申、癸酉：指1872年和1873年。

## 1936年10月1日

湘绮联选（光绪乙亥至辛巳①）。

挽曾沅浦②妻云：

富贵极中年，谁知夜织晨舂，依然德曜贫时事；

税榆随冢妇，独恨荐孤苹冷，无复河洲助祭人。（《礼杂记》："夫人税衣揄狄。"又"小功不税。"日月已过，闻丧而服，曰税。按文正之丧，时未卒哭。榆，揄之伪，《阮氏校勘记》作褕）

挽罗芝师云：

请业事犹新，至今牛磨声中，彷佛青衿闻洛诵；

高才命不偶，从此羊湖川口，凄凉啾笛似山阳。

寿陈母云（按湘绮妻梦缇之母）：

缃寓十年，清贫益寿；

秋花九月，晚景如仙。

祝嘏③词如此清新，俗手不敢下笔者。

为邓翼之作盐道联云：

资湘北汇总无波，看列城控带，黔吴山水锺奇多将相；

纲引东来承旧法，更禹荚旁通，领蜀倪桑著论待经纶。

挽邓八嫂云：

三十年事同兄嫂，转因姻嗣至差池，愧诫女无书，承欢难俟，空悲朝露寒泉，更何堪束缊人来羹汤弃养；

七二洞望断云山，岂是神仙好离别，但成家有愿，在富如贫，长伴鸡声灯影，谁省识严冬病里荆布仍寒。

挽何郎云：

斜雪酒旗风，忆丁年旅泛鸳湖，官阁清吟曾一听；

故乡寒食雨，又丙舍春飞燕子，江南旧恨莫重提。

挽杨麓生云：

孝养慰椿庭，方期两守夹河，同庆期颐还洗斝；

能名传桂郡，独恨清湘载旐，更无廉石压归船。

挽郭寿南云：

乌衣游处最相亲，自壮年漂泊江湖，各有无穷家世感；

素业凋零伤族从，况身后孤茕儿女，九泉难慰母兄心。

挽孙芝房继妻云：

华灯桂树看初昏，至今雏凤成巢，始识廿年冰雪苦；

人镜芙容传唱第，方幸双鸿得路，谁知归日荻花寒。（元稹《授崔郾谏议制》："昔我太宗文皇帝[④]，以魏徵[⑤]为人镜"。）

得杨息柯赴书，闻香孙挽联甚佳，云：

享富贵寿考而兼今名，孟舍乍停机，看天下群儒缟素；

有金石刻画以新其德，欧碑无浪墨，胜人间八坐荣华。

余亦拟一联云：

就养历沅湘，便竹筒迎船，版舆过岭，总高年富贵欢娱，示疾不淹辰，八十七龄成佛果；

登堂尽英彦，看砻石题碑，倾城会葬，更四海名贤哀诔，临丧愿观礼，六旬孤子是婴儿。

挽熊师云：

同学公卿久寂寥，始知南岳传经，不羡浮云富贵；

弟子渊骞散风雪，犹有西华作志，与闻夫子文章。

挽胡文忠妻云：

昔年姑女荷深慈，早闻贤比锺羊，当代名门推极盛；

往日鄂城尝授馆，不独功铭侃峤，显章灵表愿摛词。

又代常霖作云：

先慈京辇昔相亲，最伤多桂园中，凭吊绣衣全节地；

名世中兴成内助，还听断机声里，得看蒲壁拜恩年。

改作丁果老挽联云：

夜雨忆书灯，人生少壮几何，须发似君惊早白；

熏风吹宿草，世事匆忙休笑，光阴磨我为刊青。（《丁丑日记》中有挽丁联，未佳，故未录。此善于彼矣。丁字果臣，名取忠，算学家）附云：练而后吊，如昨日尘中岁月，真苦短也。（《檀弓》："练而慨然。"练，小祥服也。)

吊汪式甫云：

潇湘随处有闲田，若言姑布通神，命里无官当学隐；

中外十年看宦海，毕竟空棺长闭，世间热客早宜休。

虽曰悯其求官客死，然有违诗人敦厚之旨矣。

吊沈鹤樵云：

萍居百口，萍系一官，便边州深奉养余年，琴酒寄情聊复尔；

息叟先亡，梦园归去，更少日连枝悲逝水，笛邻访旧为悽然。

西关戏台联：

演段亦声容，居然晋舞秦讴，慷慨鸣鹍增壮气；

传芭祠义烈，遥想荆城益濑，往来风马卷灵旗。

四川湘馆联云：

游宦溯前贤，自襄阳诸葛，连道恭侯，蜀都中盛集千年，楚国梗枏参古柏；

华轩开广厦，数南比萍踪，东西使节，锦水外江流万里，洞庭吐纳豁离襟。

冠冕堂皇之作也（《亮本传》注："亮耕于南阳之邓县，在襄阳城西二十里，号曰隆中"）。

贵州馆祠联祠祀尹王联云：

何须驷车高车，祗名山教授，下驿栖迟，千载西南留道统；

同此瓣香尊酒，问洨长真传，鹅湖正脉，几人宦学比前修。（鹅湖在江西铅山县北，朱、吕、陆九渊兄弟讲教于此，后建为书院，见《一统志》）

吊刘筠生云：

入浩当年好弟兄，谁知各宦天涯，薄祚不传棠棣谱；

寓蜀相依惟母子，犹得从亲地下，春寒莫恨杜鹃声。

吊许银槎：

薄宦更无儿，八千里丹旐空归，不如休折当年桂；

名场兼仕路，六十年浮云饱看，剩欲归依净土莲。

亦雕琢未工。

【注释】

①乙亥至辛巳：1875年至1881年。

②曾沅浦：曾国荃，字沅浦。曾国藩的九弟，湘军主要将领之一。

③嘏：指寿辰。

④太宗文皇帝：唐太宗李世民，唐朝第二位皇帝。

⑤魏徵：字玄成。唐代政治家、思想家、文学家和史学家。因直言进谏，辅佐唐太宗共同创建"贞观之治"的大业，被后人称为"一代名相"。

### 1936年10月3日

湘绮联选（光绪壬午记甲申），佳者亦日月至焉而已矣，可见欲得佳文，亦须佳题，不则只可为阁笔耳。

其挽彭郎云：

闻喜忆悬弧，廿三龄江介归来，果看脱颖声名，诗礼无惭贤父子；

踊金嗟在冶，一二分才思未展，空说朱陶货殖，揶揄疑有路旁人。（此假"踊"为"涌"。《平准书》："物踊腾粜。"）

挽李次青母喻云：

兼富贵寿考以著，徽音儒素显清门，五承风诰贤名大；

历困苦危亡而终，荣养碑铭追往事，一到泷冈涕泪多。

挽瓮叟云：

人伦冠冕一灵光，八十年望重儒林，遗爱岂徒留永邵；

海内群公半虚礼，卅二载官犹郡守，国风长是怨榛苓。（《邶风·简兮》诗序云："《简兮》，刺不用贤也。卫之贤者仕于伶官，皆可以承事王者也。"此用序意）

挽适陈氏妹云：

廿年茌弱久相依，每当万里还家，助搜囊箧，更支颐听话关山，委佩不重来，此后大雷悲断雁；

一病淹缠成绝证，正与武冈爱侄，同怨炉铛，似相约先探净土，灵灯对双烬，冉看短夜闻明蟾。

挽运仪母：

苏台盛日驻鱼轩，数湘州命妇班中委佗，曾享承平福；

桂树双雏真凤采，知国史儒林传里渊源，定述女宗师。

挽黄次云亲家（次云将死，揖其妻，以因穷，其志可哀）：

因穷终自有穷时，三千里巫峡归舟，伤心更被秋闱误；

亲情曾未乐情话，十一月严霜摧木，敛手空看破被寒。

昌黎有言："欢愉之词难工，穷苦之音易好。"此联尚少酝藉疏远之趣。

## 1936年10月5日

《湘绮日记》甲申①后缺三年，联亦少作，有矣复不佳，古今人节行悬殊，复不能概谓作者之才尽也，其庚寅记中乃有美联，无它，得好题耳。

挽雪琴②云：
诗酒自名家，更勋业烂然，长噌画苑梅花价；
楼船欲横海，恨英雄老矣，忍说江南百战功。

劼刚云：
海外十年官，军国多艰，归朝未遂还乡愿；
相门三世业，文章继起，史馆新除作传人。

俊臣夫人云：
勤俭著徽音，列戟门高，更喜诸郎班禁近；
忧虞增阅历，鸣筲归早，重还故里即神仙。

研香云：
书生大将同时颠，独与君论战识兵机，精紧恨先衰，史传功臣输第一；
少伯千金当世豪，更筑室藏经聘名士，赀多不为累，曾家百顷太寒伧。

此数联为同日所作，挽彭联借音为柏，故以百战对梅花，旧诗句亦用此法句，致好时亦不必甚求属对之工，工对易入于纤巧，通人讥之。

挽妻父蔡云：
善门积庆，更恢宏文雄一世子，掇高科纵蕲黄赞画不论功共识奇才甘坐老；
孤女终身，劳闵育满望六旬归，娱八衰奈霜露惨悽遭命至独扶残喘溯寒风。
时新悼亡，可谓熙伯造哀，哀之也。

辛卯八月一联云：
得意在甫刑离骚，晚更覃思，尽阐微言契神解；
立身兼仲尼墨翟，世无知己，空皮余论侮时人。
感慨系之而自挽尔，细按之乃挽镜初也。

挽蔡师耶云：
棋酒正新欢，谁知饮罢屠苏，三日春风余阁冷；
申韩推旧学，应有惠留零桂，仁人恺泽利民多。
下联正针师耶身分。

悼英子云：
荷囊烧尽独伤心，狂简未能裁，空望家驹日千里；
笔阵横飞曾得意，貂珠总无分，不如枯蠹对寒灯。

挽易妻云（易顺鼎母）：

早岁名闻孝绰夸，况兼同谱，所幸莱妻管妾，并把清芬，全福羡三多，共说风雏能振羽；

百年歌共刘纲和，正乐归田，岂期弄玉飞琼，便迎仙驾，敛衣空一品，更无官俸与营斋。

（刘纲③，吴下邳人，为上虞令，政尚清静简易，与妻樊雲翘居四明山，同仙去）

【注释】

①甲申：指1884年。

②雪琴：指彭玉麟。

③刘纲：字伯鸾。东吴官吏。有道术，亦潜修密证，人莫能知。

## 1936年10月7日

湘绮六十以后联不多作矣（自乙未讫己亥①），挽樾岑②云：

噩耗五年惊，喜闻单舸三山，更飞雁传书，如共丁今归鹤语；

密云秋雪冷，正值重昏八表，便拂衣大去，怕听澎岛水龙吟。

赠张少衡云：

念我能书数字至；

羡君不入七贵门。（潘岳③赋："窥七贵于汉庭，畴一姓之或在。"）

挽陈妻叶云：

早传闻官阁清贫，依然佐读青灯，又见郎君新射策；

曾享尽人间富贵，今日满城红雨，正逢寒食夜啼鹃。（李贺诗："桃花乱落如红雨。"）

题西禅寺云：

弹指见华严，看天马云开，一角小山藏世界；

观心礼尊宿，听木鱼晨叩，十分古德应斋期。

挽常生云：

石门尊酒惜论文，如今旧梦全非，瀛岛未游何所憾；

瘴海□□劳作吏，差幸家声不忝 归装无宝莫嫌贫。（疑其脱字）

题庐陵馆云：

胡文游迹至今传，高闲重新，当令先正流芳远；

湘岳清晖扶栋起，一枝广荫，共喜江州盛会多。

挽胡妻云：

东邻箫鼓正喧阗，撒手捐尘，从此不为儿女累；

中壸衿缨传法则，同心述美，岂徒悲咏曜灵诗。

挽八妹云：

辛苦忆孤童，劳役欢然，早知后福当荣寿；

艰危得偕隐，繁华偶耳，独恨佳儿坐陀穷。

已上诸联已不斤斤使典藻辞，然亦难言炉火青到底也（晡记此语，夜茶炉遂坏，语谶果然）。

**【注释】**

①自乙未讫己亥：自1895年至1899年。

②樾岑：裴荫森，字樾岑。清代官员，进士出身，分任工部主事。

③潘岳：潘安，字安仁。西晋文学家。

## 1936年10月8日

湘绮联（自庚子讫壬寅①）：

时事绩艰危，申甫再生犹有憾；

越防坚壁垒，丁沽回首更伤心。

自云曾涤生不能过也。

挽陈养源云：

梅冶记相逢，骇浪十年，咫尺无缘重把臂；

柏台疑有庀，白衣三会，孤茕失怙最怜君。（汉时御史府中列柏树，后遂名御史为柏台）

唁陈六翁丧子：

猿公橘叟共娱嬉，恨蹉跎一第，艾服从官名字，甫闻天有路，请缨难致命；

鹤子梅妻真解脱，记风月重湖，茶烟未歇欢游，俄隔世登堂，撰杖独伤神。

挽某云：

荷衣徒步记相从，喜卅年平揖，公卿豪情，吐尽书生气；

花径玉缸须把酒，看诸子满床，簪笏里社，仍祠积善翁。

遗录亦无多，老来似无心为之，佳作何少也。

**【注释】**

①自庚子讫壬寅：1900年至1902年。

1936 年 10 月 9 日

湘绮联选（自癸卯讫戊申①），题铜川书院云：
文武继诸周，好为汝南增月旦；
弦歌开广夏，定因言叔得澹台。
挽郑太耶云：
郢雪和皆难，饶将佳句夸蛮犵；
湘春游恨晚，待访循声向皖黔。
题胜阁云：
胜地已千年，每临江想望才人，不比劳亭伤送客；
高朋常满坐，到旧馆仍陪都督，更闻悬榻喜留宾。
吊岳尧生云：
笃孝允家风，官薄未能偿一桂；
送君如昨日，客游犹及奠生刍。
萧子闲官，又不读书，因题二句云：
琴书陶令销忧物；
诗酒扬州写意官。
伤彭四孝廉云：
公孙最小得遍怜，恩许充庭，一揽桂枝悲月缺；
乡誉无双期独步，人嗟又弱，那堪棠棣正春荣。
吊王灼棠：
横海袭东溟，奇计未成雄略在；
余氛靖南泗，无勋更比蜀功多。
挽蒋筠轩云：
宦迹似转蓬，晚晋崇阶才未展；
名场同掉鞅，昔游京辇梦全非。
应毛孝子求墓庐联云：
月白风清，依然昔日鸣机地；
夫忠子孝，难慰寒泉罔极心。
为田吊凤云：
每随杖履坐春风，乡人皆好之，公论选贤推祭酒；
莫更锱铢计生产，为仁不富矣，令名贻子胜赢金。
吊吴福茨云：
单车就道，怆星奔此义，几人知素鞸，三年由母教；

两子夹河，荣禄养食贫，当日事金扃，五鼎报亲恩。
遂难得一叫绝之什，天下事大可知矣。
【注释】
①自癸卯讫戊申：1903年至1908年。

## 1936年10月12日

湘绮联（自己酉讫乙卯①），挽席沅生云：
席丰承藉不骄奢，江楚共推能，京国骓骝开道路；
公献私酬多礼数，欢游未逾月，春风鹪鸠怆离忧。
挽卓夫云：
称心科第早登瀛，依然卅载田园，共惜大才无小用；
满眼儿孙俱是幻，喜见两房嗣续，霎时脱屣便褰裳。
挽王赓虞云：
五游羿彀不能伤，八十悬车，垂死尚余攀剑恨；
四纪甄陶无一面，相公厚我，他生愿作扫门人。
挽陈伯屏云：
抗疏劾三公，晚伤鼷鼠千钧弩；
治生付诸弟，归剩鹅羊二顷田。
寿瑞午桥五十云：
强仕十年名位极；
平泉三月管弦清。
挽鹿滋轩云：
入辅拄艰危，议绌论都，空洒老臣忧国泪；
披襟见肝胆，例严取友，料无同调称心人。
挽小鲁云：
经世即名儒，百卷书成明道统；
乘轩非素志，一廛归卧乐余年。
挽稷初云：
孤直未伸眉，一瞑重泉恩怨了；
文章无达命，荒园衰草鹡鸰寒。
挽谭朴吾云：
京辇忆联镳，女贵儿佳输晚福；
夷门承执辔，破秦存赵愧奇谋。
挽程二嫂云：

淑慎早传徽，忆佩环来自仙源，湘东共识名家韵；
苹繁能率礼，惜筐筥初终妇职，堂北俄倾寸草晖。
挽刘幼丹云：
一见定深交，知专家钩考群书，七十金文通古籀；
再起绥南服，更散字包罗万有，五千编类胜奇觚。
湘绮之联，此遂西狩矣（丙辰无联），以上所录存汰维均，《湘绮全集》亦附联一卷，不知与予所录者出入几何，湘绮不肯居于词人，而作联则纯以词章为干，其挽丁巡卿原云（甲寅九月）：
抱叶等寒蝉，愧我仍居参政院；
嘉禾拟文虎，输君曾上大观楼。
辞近佻矣，旋亦悔之，谓此本拟俞荫甫②而作。以其近戏改书一联云：
回雁昔停船，共说方州恢远略；
弘羊非订利，要冯徐核挽颓纲。
固亦不以曲园楹联为合作也，赋者诗之流，词者诗之余，联者又其余流，而以彼其才尚未易言，无施不可，涤生而后吾终以周家禄为巨擘焉。

【注释】

① 自己酉讫乙卯：1909年至1915年。

② 俞荫甫：指俞樾。

## 1936年10月18日

（长浜村①）有一家榜联曰：
欢迎戚友粗无菜；
慢待亲朋薄有肴。

【注释】

① 长浜村：指长湴村，与当时设在广州石牌的国立中山大学校园仅一丘之隔。

## 1936年10月26日

点《礼记注疏》，记乙丑①馆汴②时，附属中学一生殀，校人为会追悼之，索联于予，即书十四言曰：
及门中谁好学者；
如子也可勿殇乎。

尚称得体。
【注释】
①乙丑：指1925年。
②馆汴：馆指教学，汴指开封。

## 1936年10月30日

报载江门白沙钓鱼台联，存其一则：
海徼历风波，前事几经，十九年埋没荒津，谁识白沙道岸；
江门留矩镬，先民可作，数百载流存故里，来寻紫水心源。
李瑾辉作云。

## 1936年11月3日

莼客少作楹联甚少，偶有所作，亦未当家，如丙辰①二月挽孙子九母云：
姑恩弹鹄，母教丸熊，话八旬茹蘗，弥甘珩佩，争师唐女宪；
茅馈饮鸡，吴哀助崔，怅三载登堂，未拜经帏，空仰鲁灵光。
尚有未慰贴处。
其年九月录挽陈荃谱母一联云：
教子成大名，溯古荻千秋彤史，齐芬欧魏国；
留宾感贤母，痛生刍一束素冠，争唁郭林宗。
使典较圆活矣。
【注释】
①丙辰：指1856年。

## 1936年11月4日

终日阅《越缦堂日记》，略遍四册，其有待细校者折角识之，其间作联不多，复未尽佳，录存二则，题卧室（戊午①端午）：
暴席亦无嫌，吾道非邪，犹待诗句能驱鬼；
佩缯还效俗，臣之壮也，但望生民尽辟兵。
挽其七弟新妇云：
属犷托遗孤，怜一生所寄，惟在此儿，所惭伯道先衰，祗饴弄慈亲，膝前日望重规长；

（自注：用《晋书·谢朗②传》语）

入门贺祥女，喜六载承欢，独先诸姒，讵料季江才殁，竟䔲缠病妇，地下应添奉倩伤。

（自注：用《唐书·太穆皇后③传》事）

下联沈痛，慇伯尤深于骨肉之爱者也，首联霸才太露（以后至同治壬戌④元年数年间未见一联）。

【注释】

①戊午：指1858年。

②谢朗：字长度，小名胡儿。谢安之兄谢据的长子，官至东阳太守。

③太穆皇后：窦氏（约569—613），祖上为太祖文皇帝姓宇文氏，匈奴部族一支，后入鲜卑为鲜卑纥豆陵氏族，唐时期汉化为窦氏；唐高祖李渊的妻子，北周定州总管神武公窦毅与北周襄阳长公主（北周文帝宇文泰第五女，北周武帝之姐）的女儿。

④壬戌：指1862年。

# 《因树山馆日记》第五册

（1936 年 11 月 17 日—12 月 29 日）

## 1936 年 11 月 17 日

报所载联，例无佳者，不知何故，见徐傅霖①挽杨畅卿②（鄂主席永泰，被狙汉口一码头）云：

大智若愚，大巧若拙，岂无故而云然耶，回思卅载交情，语重心长，曾劝君锋芒稍敛；

以香自焚，以明自煎，信有才亦足累矣，痛念万方多难，人亡国瘁，不知我涕泗何从。

挽段芝泉③云：

于民国有大勋劳，惜执政两年，稍为盛德之累；

皈佛家作真忏悔，虽（应是惟字）杜门十载，克全晚节以终。

二联尚类世间人语，录之者兼存近事也。

【注释】

①徐傅霖：又名徐卓呆，号筑岩，别号半梅。近代体育教育家。

②杨畅卿：杨永泰，字畅卿。国民党高级官员。

③段芝泉：段祺瑞，"北洋三杰"之一，被称为"北洋之虎"，曾任国务总理、执政，有"三造共和"的美誉，是当时少有的廉洁官员。

## 1936 年 11 月 22 日

报载江村戏台联云：

看不真莫嘈，请问前头高见者；

站得住便罢，须留余地后人来。

又木偶戏台联云：

遇事强出头，此中大有人在；

登坛便抽脚，天下其谓公何。

自是清隽，今人喜以白话为楹帖，未有能道得此语者。

## 1936年11月30日

舒舍予①以母寿八十来告,有"国破家贫所以没有治筵款客"之语,作联答之:

历下十年居,苜蓿拦干,鲁酒一尊将母寿;

秋容九月茂,兰荪茝秀,北堂晚景即仙乡。

弈手黄松轩②改建旧庐粤城之西,衍璿从之游甚习,趣予曰:子亦不可无一言也。成十四言:

赢得宣城羊太守;

(《宋书》:"羊玄保善弈棋,棋品第三,太祖与赌郡戏,胜,以补宣城太守。")

婆娑别墅谢东山③。

【注释】

①舒舍予:老舍,原名舒庆春,字舍予。现代小说家、作家、语言大师。

②黄松轩:名永高,又名永谦,以字行。中国象棋手。

③谢东山:字阳升,号高泉。嘉靖二十年(1541)登辛丑科进士及弟,授兵部主事,后迁郎中,官至右佥都御史,山东巡抚。

## 1936年12月10日

吴子玉①将军署门下吴智挽段芝泉执政一联,洵称分刌②,幕中尚有人在,联云:

天下无公,正未知几人称帝,几人称王,奠国著奇功,大好河山归再造;

时局至此,盖误在今日不和,明日不战,忧民成痼疾,中流砥柱失元勋。

收句倘③再饰以史实,铸以瑰辞,可成杰唱。

【注释】

①吴子玉:吴佩孚,字子玉。直系军阀首领。

②分刌:划分,分切。

③倘:同"倘"。

## 1936年12月12日

忆达夫①有时人戴季陶②七言联云:

知己当期千载后；
幽人常在群山间。
不知是前人句否，可爱也。
【注释】
①达夫：指陈达夫，时任广东省立勷勤大学教授。
②戴季陶：初名良弼，后名传贤，字季陶，笔名天仇。近代思想家、理论家和政治人物。

## 1936年12月24日

邑人林仔肩茂才（樑任），家以茂才状来赴，晚成联付教儿①书吊之。
平生以范希文陈少阳自期，只盗僧主人，賸②稿空传辨奸论；
君家本东莆集城南庄之后，信门承介节，礼堂又写井丹书。
（《潮州耆旧集》《林大钦殿撰东莆集》《林大春提学井丹集》《林熙春尚书城南集》，详见一月十四日日记）
夜有冷风，纵行亦资取煗③，灯下构联，杀字未安，二更又出步杝落④，推敲低酌，为此数字，至罢一夕之读，真成苦吟也。
【注释】
①教儿：指黄际遇第三子黄家教。
②賸：同"剩"。
③煗：古同"暖"。
④杝落：篱笆。

## 1936年12月29日

夜阑作新岁丁丑①门联
冠剑丁年犹往日；
招摇丑指是新春。
（《淮南·时训》："季冬之月，招摇指丑。"高注："招摇斗建。"②）
【注释】
①丁丑：指1937年。
②斗建：北斗所指，叫作斗建。斗建用于确定中国上古时候阴阳历月份的起始位置。

# 《因树山馆日记》第七册
### （1937年3月27日—5月2日）

**1937年3月27日**

星笠述一联云：
十年三葬可怜人，是何黄土；
片石孤云无限恨，如此青山。
有悼其亡簉①至于三者而作也，曾入我耳，聊复书之。
【注释】
①簉：副的，附属的。簉室，即称妾。


**1937年4月3日**

公愚①挽黄慕松②联云：
数面已相亲，荷浦壮谈，梅村乡话；
中身成尽瘁，赤松轻赴，黄石长薶③。
【注释】
①公愚：古直，字公愚，号层冰。时任中山大学中文系系主任。
②黄慕松：中国军事测量之父。1937年逝世于广东省政府主席任上，被国民政府追认为陆军上将。
③薶：古同"埋"，埋葬。


**1937年4月4日**

报载李汉父（清进士，名未详）悼亡二联云：
卿今碧落归真，叹贫贱夫妻，可是尽人皆此恨；
我亦白头衰病，愿香冥泉路，早留同穴转双栖。

河阳明镜,屡扰烦丝,只今燕子残春花落,更增人踯躅;

西内细钗,空留旧约,自此鸡林绝塞絮飞,惟剩我飘零。

犹有凄清之致(西内疑南内之伪,白诗:"西宫南内多秋草,落叶满阶红不扫。"杜诗:"南内开元曲,当时弟子传。"鸡林,古国名,即新罗,此应指吉林言,以音近而借用)。

## 1937年4月8日

澄海杨知州守愚社兄(北平)挽联:[杨守愚鲁澂海冠山乡人,少孤贫,读书予邻,年未冠以能文名,与先兄有盟牒之交,予兄殁后,来主寒门者半年,寝馈共之,予之弃旧业走异国,皆君启迪之也,宦游辽桂卅载不归,燕市行歌竟以赴闻(得年六十三岁),从此京华更无旧侣,能无感慨系之,夜成联寄付三儿缮书,賸赙四金。]

百里岂尽士元长,迹半世车尘,象林郡,鸭绿江,冠冕南州才,得剧孟者,隐若敌国;

旧人更无何戡在,吊废都旅殡,曾右丞,丁户部,萧条渭城曲,过大梁者,徒想夷门。(刚甫①、叔雅②并客死北京)

【注释】

①刚甫:指曾习经。

②叔雅:丁惠康,字叔雅,号惺庵,清末藏书家。福建巡抚、藏书大家丁日昌之子。

## 1937年4月25日

见吴澹盦①太史《荣哀录》,录中挽联盈数百通,而一见倾心,可为炙口之作,乃难乎其选,不佞此道,真不肯为时贤低首矣,有署受业曾焕章联云:

苏公门下久从游,最难忘三更灯火,五载湖山,尝与闻百氏文章流别;

李廌②老来犹见许,只留得数札书函,一篇诗序,算结果卅年师弟因缘。

李廌未闻,联亦未为作作之作,然已可贵矣。

上录挽吴太史联,李廌云云,广雅廌庵也(音骂),无以为名者,应李廌之伪也。《宋史·本传》,廌,华州人,字方叔,少以文谒苏轼于黄州,轼拊其背曰:"子之才万人敌也,抗之以高节,莫之能御矣。"轼亡,廌哭之恸,走许汝间,相地卜兆,授其子为文祭之曰:"皇天后土,鉴一生忠义之心,名山大川，还万古英灵之气。"词语为壮，读者为悚，廌卒绝意仕进。事在《文苑传》。柬报荪簃③。

【注释】

①吴澹盦：指吴道熔。

②李廌：字方叔，号德隅斋，又号齐南先生、太华逸民。北宋文学家。

③荪簃：指张荃。

## 1937年5月2日

猛忆铁老①索联之诺久矣，荪簃比重以书将命，爰集十六言为楹帖报之：

直谅多聋，益友行古；

平畴远风，良苗自新。

【注释】

①铁老：杨铁夫，名玉衔，字懿生，号铁夫、季良、鸾坡，以号行。官至广西知府。民国时曾任无锡国专词学教授及香港广州大学、国民大学教授。曾从朱祖谋学梦窗，后即以笺释吴文英的《梦窗词》扬名词坛。著有《抱香室词钞》《梦窗词笺》等。

# 《因树山馆日记》第八册

（1937年5月12日—6月25日）

**1937年5月12日**

挽郑晓屏联：

文行赵天水，耆德黄理卿，东岭几人推后起；

善士徐子青，密宗王弘愿，四方一例接先生。

挽徐子青云：

访城北故居，跋涉长途谁掖我；

表陇东新墓，淋漓钜笔让何人。

（自注云：徐子以表见托未成。按徐子青澂海城北东陇乡人，秋园①过汕主之者垂五十年）

阅秋老谕荪簃手柬，传来张姚节母寿联，特推揭人林清扬之作，联云：

寿姊文传姚惜抱②；

教儿学媲张惠言③。

【注释】

①秋园：指姚梓芳。

②姚惜抱：姚鼐，字姬传，一字梦谷，室名惜抱轩（在今桐城中学内），世称"惜抱先生""姚惜抱"。清代散文家，与方苞、刘大櫆并称为"桐城派三祖"。

③张惠言：原名一鸣，字皋文，一作皋闻，号茗柯。清代词人、散文家。

**1937年5月30日**

海山仙馆，番禺潘仕成①斋名，仕成字德畲，今"荔香园"即其故址，门镌一联云：

明月有时来，恰当荔子湾头，素馨斜畔；

夕阳无限好，最爱柳波渔唱，花坞人归。

时人陈家鼎②有联云：

海上有三山，珠水依然，玉箫何处；

岭南第一景，黄昏时候，红荔湾头。

【注释】

①潘仕成：字德畬、德舆。晚清享誉朝野的官商巨富，广州近代史上的重要人物。

②陈家鼎：字汉元。中国近代民主革命家。

## 1937年6月25日

六榕寺①……出门见一联云：

一塔有碑留博士；

六榕无树记东坡。

造语未化，然无暇为之改作。

【注释】

①六榕寺：位于广州市的六榕路。六榕寺因苏东坡当年为寺庙题字而得名。它与光孝寺、华林寺、海幢寺并称"广州佛教四大丛林"。

# 《因树山馆日记》第九册

（1937年8月13—29日）

## 1937年8月13日

楹帖供人张悬也，帖句之意最须耐人寻味，因拈前人句云：

得闲多事外；
知足少年中。
种花春扫雪；
看篆夜焚香。
研田无恶岁；
酒国有长春。
有客来相访；
通名是伏羲。

## 1937年8月29日

为马隽卿谱兄书"可园"新楼联：

听雨往寻东皋子；
停云长忆北窗人。
玉局①腹中无一可；
兰成乱后赋小园②。

落其成也，作小启寄和平里。

【注释】
①玉局：棋盘的美称。
②兰成乱后赋小园：兰成庾信的小字。《小园赋》是庾信晚年羁留北周、思念故国时所作的一首抒情小赋。

# 《因树山馆日记》第十册
（1937年10月13日—11月14日）

## 1937年10月13日

偶集语为联曰：
道不拾遗；
民方殿屎①。

纪实也，岁丁亥广州殊乱，居民重楼键户，排泄无方，裹以废纸而弃诸市者比比也，大有道不拾遗景象。又是十年，民之殿屎又若何。

【注释】
①殿屎：愁苦呻吟。见《诗经·大雅·板》："民之方殿屎，则莫我敢葵。"

## 1937年10月27日

口占一联示器儿①义法，俾归家书之，以吊邻人吴梦兰上舍之藻，上舍业医三十年，尝谓予曰："予之体质非至强健者。"时予方在壮时，而极戒以不可纵情感，而念之不敢弥忘，其后亦数年一面而止，然屡言之如初，是亦爱人以德也，比以世乱，挈家避地，三徙而之香港，卒伤于肴馔，胃肠病骤发而殁，已归榇②矣，颇负医名，晚岁亦不轻以医见，故联云尔：

杜老伤乱离，一饱耒阳终客死；
伯休避世弋，百钱秦市识先生。

【注释】
①器儿：指黄际遇的大儿子黄家器。
②榇：棺材。

**1937 年 11 月 3 日**

闻客传古公愚挽胡汉民联云：
苍海望尽千行泪；
晚岁神交一卷诗。
近人已寡能及之。

**1937 年 11 月 14 日**

于武昌东村见一人家自榜诸扉曰：
月朗星希，人影在地；
山高月小，江流有声。
叹为浑脱（曾入《畴盦联话》）。

# 《因树山馆日记》第十一册
(1937年12月5日—1938年2月22日)

**1937年12月5日**

郭外荒园悬一联云:
侧身天地更怀古;
回首风尘甘息机。

**1937年12月25日**

乡先达丁雨生中丞自题揭阳寓园联语,联云:
居然钓水采山,暂借此为居游地;
看到桑田沧海,几多人作感怀诗。
今园已废。

**1937年12月29日**

绿茵茵侧隅坐多时,构思二联,已成其一,将以写贻荃谂①:
几逢绝倒何平叔②;
(《晋书·卫玠传》:"王敦谓谢鲲曰:'不意永嘉之末,复闻正始之音,何平叔若在,当复绝倒。'")
犹见读穿王胜之③。

【注释】
①荃谂:指张荃。
②何平叔:何晏,字平叔。三国时期魏国玄学家、大臣。为魏晋玄学的创始者之一。
③王胜之:名益柔,字胜之。王曙子,用荫入官。

**1937 年 12 月 30 日**

枕上成联二首。

挽陈丈澥珊，丈讳鳌，辛卯岁贡生，先大夫交游大率享高年，丈亦八十二龄，有自刻书数种，丈殁邑中，遂无尊行辈矣，故联云：

白公遂终九老会①；

慎伯犹传四种书②。

寿马隽卿谱兄，隽卿与先兄同年月日，入明年岁七十矣，尝从侯官许贞干③学骈文：

茂陵家学，侯官文心，屡动庄潟吟，落叶半床诗一斗；

(《马融④本传》："扶风茂陵人也。")

韦赵齐年，李张小友，尝下陈蕃榻，春风满坐人千秋。

(《唐书·韦述⑤传》："时赵冬曦兄弟亦各有名。张说尝曰：'韦、赵兄弟，人之杞梓⑥。'")

【注释】

①九老会：洛阳市城南龙门东山的琵琶峰上，有一座园地，是白居易的墓园，称为白园，白曾以居士情结与如满和尚等人结为"香山九老"唱酬于香山寺的堂上林下，终老于河南履道里。

②四种书：指包世臣《安吴四种》一书。

③许贞干：字豫生。福建闽侯人。光绪十八年（1892）进士。工画山水。

④马融：字季长。东汉时期经学家。

⑤韦述：唐代大臣，史学家。

⑥杞梓：原指两种木材名字，后比喻优秀的人才。

**1937 年 12 月 31 日**

午吴其敏①奉其梦兰上舍父遗稿来见，欲以求予文也，稿中有挽先大夫②联云：

公称父执辈，我列子侄行，师范自来怀叔度；

作东方诙谐，为当世谲谏，滑稽未足传先生。

【注释】

①吴其敏：别名吴锐心，笔名眉庵、翁继耘、梁柏青、向宸等。著名作

家，在香港文坛中，他是资深的文学前辈。

②先大夫：犹先父。

## 1938年1月11日

撰新岁戊寅①大门联，未惬我意：
戊之为言茂；
寅建行夏时。
【注释】
①戊寅：指1938年。

## 1938年1月16日

午陈次宋袖挽联一卷，潮人吊吴上舍（梦兰）之作咸在焉，欣浏一过，录其二三可存者：
我庐人境，君隐壶天，十载订素襟，况教对宇望衡，结得近亲同北李；
（款署姻弟陈次宋，意出林鹤皋手）
香海霜凄，鮀江潮咽，一棺怆旅殡，枉说檀云花雨，修来净社媲东林。
（《容斋随笔》："李益、卢纶，大历十才子之杰出者，纶于益为内兄弟。"又前人句云："北李南卢结近亲。"）
金兰订谱，玉笋班联，羡君终隐市壶，尤令人想霁月光风，喜亲雅范；
（款署陈莞父同年，想出同一手笔）
蒿里歌京，桃源棹返，此日迎来旅殡，翻累我向棋山带水，怆赋招魂。
张景岳①本是儒生，文苑蜚声，留名不仅方技传；
白香山亦称居士，菩提证果，避世直赴大罗天。
济世发慈悲，面壁折肱，杨枝洒遍长安市；
悯时长叹息，乘桴避地，萎翣空回香海轮。
（上二联出周石如手）
【注释】
①张景岳：名介宾，字惠卿，号景岳，因其室名通一斋，故别号通一子。明末医学家。古代中医温补学派的代表人物，也是实际的创始者。时人称他为"医术中杰士""仲景以后，千古一人"。

## 1938年1月17日

成联吊黄台石秀才（国文），秀才中岁以前逢家温饱，好客乐善，尤兄事予，以贾折阅，一穷至食不备，悯其至此，欲赒饮之，而莫为致者，末路奇贫，疑非人境，笔不忍述，以联见之（附致赙四金），大率用袁闳、焦先二传语也：

想北海金尊常满时，祖生屐，阮君货，贺老琵琶，枉说居夷泛槎，名山卓锡，回首信如一场空，只赢得袁闳苦身，拜母诵经，十年土室①；
（杨载诗："道人卓锡向名山。"）
问西州华屋依然否，江令宅，段侯家，翟公门雀，为道武阳恩报，白波贼张，伤心更有何话说，便从此焦先瘖口，科头徒跣，终老佯狂。

【注释】

①土室：袁闳室。典出《后汉书·袁闳传》："延熹末，党事将作，（袁）闳遂散发绝世，欲投迹深林。以母老不宜远遁，乃筑土室，四周于庭，不为户，自牖纳饮食而已。"指避乱之所。

## 1938年1月21日

《阁韵娱阁联》，吴梦兰遗稿，挽侯乙符四首，并可诵，其代客作云：
当年琴鹤飘零，历秦树嵩云，百二崤函曾听鼓；
一卷牡丹唱和，把鸾花犵鸟，苍茫湖海赋招魂。
（细桉之，当删出联嫌三句一意，对语强用招魂字样，未见浑成）
挽吴耀堂云：
子野竟远游，问颍滨当时，倾心何止二三辈；
唐卿今老去，说黄冈故事，一言而活千万人。
挽辛卓人云：
白杨红树萧萧问，此后稼轩销魂，谁咏西江月；
流水落花寂寂听，一声杜宇怀人，莫上北邙山。
俱有诗教之遗。其挽吴修亭联中，皓皓乎不可以，尚对以謦謦乎，如闻其声，謦謦二字则不词矣。

1938 年 1 月 23 日

  今日公祭黄台石秀才,莲阳乡在县北十里,一水之隔,军兴以还,相戒畏途,胜贯朝歌,回车不入者,十年于兹矣。友丧不吊,人其谓我何。晨明独出北门,不劳仆从,私虑席门穷巷,怯问户牖。乡人甫耀公车,已有识者,呼名自介缵汤,言其伯父黄云楼也,犹能记九年前予所吊其伯父之联,云:
  突梯怒笑,皆成文章,臣叔是谲谏者流,独奈何冠盖京华,斯人憔悴;
  满地萑苻,安问狐鼠,先生自罢官而后,犹剩有开轩场圃,把酒桑麻。
  以为尚能写其人也。
  儿辈检出庚午年①在青岛代张道藩②挽谭组庵③联,姑录之:
  若有一个臣,仁亲为宝,公岂徒以马上治天下者;(组庵以坠马死)
  虽无老成人,典型尚在,天之将使吾党觉斯民也。
  邑人高竹园颇好聚碑帖,尝一见之,尚非不解事者,其人亦谨愿不敢怍,比竟以讣来矣,书数言使人吊之,云:
  誉君好古生苦晚;
  夫子至今有耿光。

**【注释】**

①庚午年:指 1930 年。

②张道藩:字卫之。民国时期著名政治人物、文艺理论家,著有《近代欧洲绘画》《我们所需要的文艺政策》《三民主义文艺论》等。

③谭组庵:谭延闿,字组庵,号无畏、切斋。曾经任两广督军,三次出任湖南督军、省长兼湘军总司令,获授上将军衔,陆军大元帅。曾任南京国民政府主席、行政院院长。


1938 年 1 月 29 日

  录存徐花农琪题韩庙楹帖云:
  生平与公有缘,过泰安驿,登阳山城,皆先生辙迹所经,每于采风深尚友;
  八代之衰顿起,听石鼓歌,诵佛骨表,除坡老雄辞而外,更谁渡海说齐名。
  此联颇脍炙人口。
  至所题潮郡督学使署一联:

江山秀美，似吴江道中，始知海国多奇，谁谓蛮烟兼瘴雨；
师弟渊源，有昌黎学派，岂独边城出将，别饶武达佐文通。
风格已卑，当日心目中亦太无余子矣。

**1938 年 1 月 30 日**

黄福上先大夫八十寿，外舅蔡梦阶文（抡元明经）所惠寿联云：
玩世托东方，羡酒星只傍岁星，八秩称觞扶醉出；
缔姻同乐广，笑旧雨还如今雨，一年长我得春多。

**1938 年 2 月 1 日**

趣联二则，其一为某名士五十自寿云：
嫖无颜，赌无钱，想做强盗气力如棉，无非可知，检点何劳蘧伯玉；
入过学，补过廪，到了民国摩踵放顶，平心而论，发达早于朱买臣①。
其一为某名士贺雅片馆主云：
五十新郎，十五新娘，天数五，地数五；
两三好友，三两好土，益者三，损者三。
相与拊掌也。

【注释】
①朱买臣：字翁子。西汉吴县（今属江苏）人。汉武帝时，为中大夫，累官至会稽太守、主爵都尉，位列九卿。

**1938 年 2 月 3 日**

吴子述其旧宅悬联句云：
诗追孟六文欧九；
家在溪东屋瀼西。
不知谁作，或但讲对仗耳，不可凿也。

1938 年 2 月 22 日

南海邹伯奇①（特夫）书联，其句云：

不关痛痒赞无益；

入木三分骂亦佳。

书法潦草，亦不成对语，算学家不必工对仗，姑记存之（伯奇著作见《白芙堂丛书》）。

【注释】

①邹伯奇：幼名汝昌，字一鹗，又字特夫、征君。广东南海人。清代物理学家、学者，中国近代科学先驱。

# 《因树山馆日记》第十二册

(1938年3月30日)

## 1938年3月30日

阅报载吴铁城[①]挽阵亡殉难士民联云：

或为猿鹤，或为沙虫，有如先轸[②]孤忠，壤甲赴戎师而死；

孰无妻儿，孰无父母，敢忘夫差[③]故事，呼门记越国之仇。

【注释】

①吴铁城：号子增。广东香山县三乡平湖村人（今中山市三乡镇平湖村人）。早年追随孙中山先生，参加过辛亥革命和护国、护法斗争。

②先轸：春秋时期晋国名将、军事家。因采邑在原（今河南济源西北），故又称"原轸"。

③夫差：姬姓，吴氏。春秋时期吴国末代国君，阖闾之子。公元前494年于夫椒之战大败越国，攻破越都（今浙江绍兴），使越屈服。此后，又于艾陵之战打败齐国，全歼十万齐军。公元前482年，于黄池之会与中原诸侯歃血为盟。

# 《因树山馆日记》第十三册
(1938年5月21日—8月6日)

**1938年5月21日**

闻邑人蔡大臣(弼丞)投西门角池死焉,八口之为累乎,亦是门前当年之客,车中占一联记之:

子非三闾大夫舆,何故而至于此;
日食五斗不尽耳,匹夫之为谅也。

**1938年6月1日**

铁夫老人手汇佳联一卷,最名贵者为范伯子①所作,据录云见伯子集中未经我目也。伯子通州人,其古文辞、宋诗卓然一代之宗,而世寡知之者,亡友义宁陈师曾②,先生之婿③也,为予述之至悉,且馈予《伯子诗集》,忽忽三十年前事矣,今录其联,倍增驰想。

代郑大令骧武邑观津书院联云:
自来学校以书院辅之,如今比屋东西,稍有欢颜在风雨;
吾为父兄望子弟成耳,此后一官南北,还将老眼看云霄。

寿登莱道李子木太夫人联云:
诸侯敛衽而朝,宜有大风表东海;
王母称觞于此,正当初日照神山。

二联虽属酬酢④之作,而清气自行乎其间。

挽姚代耕云:
峡江后六世,君与北流最贤,沦落可伤,八口蓬飞在南北;
中泠第一泉,我从东阁乞得,死生太易,一场茗罢各西东。

挽正薇族兄云:
龙伯高愿汝曹效之,还以兄之生子,敬告兄子;

马少游称善人足矣，不谓吾今老矣，私愧吾宗。

寿顾伯母云：

于此间得十日聚；

视阿母如千岁人。

题张氏枕江亭云：

远客乍归，藉城东一亩园口，白石青松寻旧约；

故家常在，喜江北百年人物，碧梧翠竹有清才。

挽项晴轩夫人云：

其夫贫也乐，妇可知矣；

有子贤而文，母何憾欤。

寿如皋沙健庵尊人云：

孰与贤郎相期，欲其道继胡先生，名过冒公子；

来为长者致祝，惟有寿之南山石，酌以东海波。

题黄鹤楼云：

大江东去浪；

黄鹤古时楼。

挽潘道士云：

是尝从吾游焉，一鹤孤舟，千叠愁心在江上；

今并斯人已矣，只鸡斗酒，数行清泪洒城南。

（原注：道士住城南）

工楹帖者未有不善词章，以文格句法入联，湘乡几突古人，挚父、廉卿承之，而日月至焉，伯子先生尤天民之杰也。

**【注释】**

①范伯子：范当世，字无错，号肯堂，因排行居一，号伯子。原名铸，字铜士。清末文学家、诗文名家。

②陈师曾：又名衡恪，号朽道人、槐堂。清末民初美术家、艺术教育家。

③先生之婿：陈师曾祖父陈宝箴任湖北布政使，迁居武昌。陈师曾19岁随祖父到武昌，师从周大烈、范仲霖习诗文、法书。

④酬酢：宾主互相敬酒，泛指交际应酬。

## 1938年6月2日

杂录佳联，如扫叶楼①联云：

带甲满天地，诗赋动江关，惟战士文人，到此偏多千古恨；
烟波渺何处，齐鲁青未了，只湖光山色，而今犹是六朝时。
岳阳楼云：
楼上是仙居，一览无涯，权借湖山供啸傲；
此中留宦迹，万方多难，莫教风月老英雄。（鲁涤平②）
范诗杜记高千古；
山色湖光共一楼。（彭其謇）
随园挂联有云：
此地有崇山峻岭茂林修竹；
是能读三坟五典八索九邱。
（此容甫所谓改日要去借读坟典索邱处也，据梁茞林③《楹联丛话》云："是李鹤峰侍郎所赠。"）
广州德门外潮州八邑会馆④悬南宁钟德祥⑤书联：
醴泉无源，芝草无根，人贵自立；
流水不腐，户枢不蠹，民生在勤。
茞林云：程祖洛⑥抚吴时官斋中自书此联。
杭州城外土冢茶寮联云：
两口居山水之间，妻忒聪明夫忒怪；
四面皆阴燐所聚，人何寥落鬼何多。
按第二句出归庄⑦语。
蠔矶孙夫人庙思亲望帝一联，徐文长⑧所撰。
沈基庶上舍斋联云：
愿与不解周旋客饮酒；
难为不识姓名人作书。
此《桂未谷⑨集史》中语也。

【注释】

①扫叶楼：位于南京市鼓楼区清凉山公园中，是龚贤的故居。龚贤，明末清初著名画家和诗人，山水画造诣卓越，被推为"金陵八家"之首。晚年定居此处，并以屋旁余地半亩建园，栽花种竹，名"半亩园"，曾自写小照，着僧服，作扫落叶状，因名所居为扫叶楼。

②鲁涤平：国民党高级将领，曾任湖南省主席，因桂系军阀逼迫退出湖南，任江西省主席，后任国民政府军事参议院副院长。

③梁茞林：即梁章钜。

④广州德门外潮州八邑会馆：清代同治十年（1871），署潮州总兵方耀倡议在广州建立潮州八邑会馆，会馆位于广州市长堤大马路，即现广州市长堤真光中学校址及附近的义安里、义安祠道、石公祠道、八邑上横、八邑下横、迎珠街、水月宫后街一带，现仅存中堂和礼亭。

⑤钟德祥：字西耘，号愚公，或曰号大愚，晚号耘翁。清代官员、学者。著有《蛰窠全集》《宣南集》《南征集》等。

⑥程祖洛：字问源，号梓庭。清朝大臣。

⑦归庄：一名祚明，字尔礼，又字玄恭，号恒轩。明末清初书画家、文学家。

⑧徐文长：徐渭，初字文清，后改字文长，号青藤老人。明代文学家、书画家、戏曲家、军事家。

⑨桂未谷：桂馥，字未谷，一字东卉，号雩门，别号萧然山外史。清代学者、文字学家、书法家、篆刻家。

## 1938年6月6日

见武汉当道追悼空军死难之士张效贤、杨慎贤、陈怀民、孙金鉴联云：
博斗太空，顾成功即成仁，无负十年教训；
死生常事，惟为国不为己，永怀万古云霄。

## 1938年6月9日

记联二则，彭玉麟莫愁湖①联云：
王者五百年，湖山具有英雄气；
春光二三月，莺花合铸美人魂。
历城明湖②一联云：
四面荷花三面柳；
一城山色半城湖。
并曾经我目，坐有诵者。

【注释】
①莫愁湖：位于南京。
②历城明湖：大明湖，位于济南。

## 1938年6月21日

求佳联入录，日月至焉而已，而曾涤老之作无一不佳，因集录之。
挽胡文忠云：
逋寇在吴中，是先帝与荩臣临终恨事；
荐贤满天下，愿后人补我公未竟勋名。
挽李文恭①（星沅）云：
八州作督，一笑还山，寸草心头春日永；
五岭出师，三冬别母，断藤峡外大星沉。
挽江忠烈②（忠源）云：
百战守三城，章贡尤应千世祀；
两年跻八座，江天忽报大星沉。
挽李忠武③（续宾）云：
八月妖星，半壁东南摧上将；
九天温诏，再生申甫佐中兴。
挽李忠毅④（续宜）云：
我悲难弟，公哭难兄，旧事说三河，真成万古伤心地；
身病在家，心忧在国，弥留当十月，正是两淮平寇时。
挽罗忠节⑤（遵殿）云：
孤军断外援，差同许远城中事；
万马迎忠骨，新自岳王坟畔来。
挽袁端敏⑥（甲三）云：
属纩寄箴言，劝我勉为范宣子；
盖棺有定论，何人更拟李临淮。
挽龙翰臣⑦方伯（启瑞）及配何夫人云：
豫章平寇，桑梓保民，莫讶书生立功，皆从廿年辛苦，立德立言而出；
翠竹泪斑，苍梧魂返，休疑命妇死烈，亦犹万古臣子，死忠死孝之常。
挽陈莋覃给谏（岱霖）云：
归路三千指故乡，记否黄鹤晴川，曾上高楼持使节；
去年重九作生日，岂意只鸡斗酒，又来萧寺吊诗魂。
挽梅霖生⑧太史钟澍云：
万缘今已矣，新诗数卷，浊酒一壶，畴昔绝妙风光，只赢得青枫落月；

孤愤竟何如，百世贻谋，千秋盛业，平生未了心事，都付与流水东风。
代弟（沅浦⑨）挽黎寿民太守云：
湘妃白眼随愁长，有德配远道相从，一曲鸾飞，不得见夫婿声音笑貌；
谢朓青山带病看，叹使君到官遽逝，千里鹤返，应眷恋宣州城郭人民。
挽柯小泉京卿（樾）云：
目君为承明，著作之才，九列交推非独我；
思亲因泣血，悲哀而死，万缘前定不由人。
挽向伯常⑩司马（师棣）云：
与舒岩并称溆浦三贤，同蹶妙年千里足；
念楚吴尚有高堂二老，可怜孝子九原心。
挽凌紫巘孝廉（玉城）云：
曰归曰归指故乡，岂期露宿风餐，便为异地招魂客；
有弟有弟今诗伯，从此孤儿寡妇，付与天涯急难人。
挽莫邵亭⑪孝廉（友芝）云：
京华一见便倾心，当时书肆订交，已钦宿学；
江表十年常聚首，今日酒尊和泪，来吊诗人。
挽郭存门孝廉（世称）云：
曾巩文章，愧作醉翁门下士；
王阳家学，仍为汉代弟子员。
挽柯封翁（华辅）云：
诗卷我曾看，劫后文章多苦语；
老儒天不负，阶前兰桂有奇芳。
挽弟（国华⑫）云：
归去来兮，夜月楼台花萼影；
行不得也，楚天风雨鹧鸪声。（已见前录）
挽弟（国宝⑬）云：
大地干戈二十年，举室効愚忠，自称家国报恩子；
诸兄离散三千里，音书寄涕泪，同哭天涯急难人。
纪文达⑭挽朱笥河⑮先生联云：
学术各门庭，与子平生无唱和；
交情同骨肉，俾予后死独伤悲。
又挽同年某云：
雁塔共题名，十八年前，同游走马看花院；

猿声齐下泪，八千里外，谁送孤儿寡妇船。

吴山尊⑯挽吴榖人云：

仕隐追随，颓景相怜如一日；

师生骨肉，名山可许附千秋。

赵瓯北挽刘文正云：

岱色苍茫众山小；

天容惨淡大星沉。

洪稚存挽黄仲则⑰云：

遗札到三更，老母孤儿惟我托；

炎天走千里，素车白马送君还。

又左仲甫⑱中丞挽云：

潦倒三十年，生尔何为，合与沙虫同朽质；

凄清五千首，斯人不死，长留天地作秋声。

李次青⑲方伯挽曾太翁云：

老子婆娑，看儿曹整顿乾坤，当代重逢王海日；

吾皇神武，定中原扫除氛祲，家祭无忘陆放翁。

孟心史⑳挽黄任之祖母云：

同仇偕作，嗣续多贤，即今墨绖，衔哀大义，不忘齐九世；

上寿百龄，须臾不待，老幸桑榆，驻影有生，犹见汉元年。

徐淮生挽王母云：

有子能诗，废诗不读；

后妇而死，其死也哀。

钱梦鲸㉑挽旌表杨节母云：

盛年伤乱，骨肉仳离，至今物换星移，胜有清名垂不朽；

老至寡欢，门庭闃寂，从此雪消冰解，好将本性见如来。

王季徵代人挽姊云：

适从何来，遂集于斯，我似青蝇吊客；

逝将去汝，适彼乐土，谁怜硕鼠诗人。

孙次青五十自寿联云：

学昌黎百无他长，只这般，视茫茫，发苍苍，齿牙摇动；

慕庄周百无一似，可能毂，梦蘧蘧，觉栩栩，色相皆空。

纪文达寿王述庵㉒侍郎八十生日云：

盾鼻弓衣，行世文章皆事业；

屏风团扇，还山官府即神仙。
吴清卿㉓寿王壬秋云：
东海苍生，出为霖雨；
南岳朱鸟，上应列星。
梁任公集句寿段芝泉云：
二十四考中书令；
万八千户冠军侯。
林琴南㉔寿张母云：
黄花拟节凌秋晚；
谏果同甘索味长。
李丹宸贺宁宅云：
晏平仲请更诸爽垲者；
范柏年所居在廉让间。
吴柳堂题女出阁云：
婿如义之献之可耳；
女为周南召南矣乎。
集句如：
谁能共裴使君并立；
我欲与扬子云周旋。（《北史·裴侠传》《司马膺之传》）
山水有灵亦惊知己；
性情所得未能忘言。（《水经注》《庾集》）
闭户自精开卷有益；
垂露在手清风入怀。（任彦升、柳子厚）
魏伯起能举人日典；
徐君蒨尤长丁部书。（《北史·魏收传》《南史·徐君蒨传》）
每舞琴操，令万山皆响；
聊欲弦歌，作三径之资。（《宗少文传》《陶潜传》）
挥兹一觞，未知明日事；
远之八表，正赖古人书。（陶句）
无江海而荣，不导引而寿；
乃邦家之光，非闾里之荣。（《庄子》《欧集》）
大本领人，当时不见有奇异处；
敏学问者，终身无所为满足时。（《圣教序》）

日长如小年，录之以节语言也（万年山下所录，当有一二重见者）。

**【注释】**

①李文恭：李星沅，字子湘，号石梧。清道光进士。曾任兵部尚书、陕西巡抚、陕甘总督、江苏巡抚、云贵总督、云南巡抚、两江总督等职。

②江忠烈：江忠源，字岷樵。晚清名将。

③李忠武：李续宾，字如九、克惠，号迪庵。晚清湘军将领。

④李忠毅：李续宜，字克让，号希庵。晚清湘军将领。

⑤罗忠节：罗遵殿，字有光，号澹村。清末大臣。

⑥袁端敏：袁甲三，字午桥，谥号端敏。

⑦龙翰臣：龙启瑞，字辑五，号翰臣。清代音韵学家、文字学家、文学家、目录学家，也是广西桐城派"五大古文家"之一。

⑧梅霖生：梅钟澍，字霖生。道光十八年（1838）和曾国藩同榜进士，入翰林，选庶吉士，政工郎主事，存《藓花崖馆诗存》。

⑨沅浦：指曾国荃。

⑩向伯常：向师棣，字伯常。湖南溆浦人。工古文辞。

⑪莫郘亭：莫友芝，字子偲，自号郘亭，又号紫泉、眲叟，贵州独山人。晚清金石学家、目录版本学家、书法家，宋诗派重要成员。

⑫国华：指曾国华。

⑬国宝：曾国葆，字季洪，又字事恒。

⑭纪文达：指纪昀。

⑮朱笥河：朱筠，字竹君，一字美叔，学者称其笥河先生。清代学者。

⑯吴山尊：吴鼒，字及之，一字山尊，号抑庵，全椒人。清代嘉庆四年（1799）进士，官侍讲学士。善书能画，工骈体文。著有《夕葵书屋集》《清画家诗史》《墨林今话》《畊砚田斋笔记》等传世。

⑰黄仲则：黄景仁，字汉镛，一字仲则，号鹿菲子。清代诗人、文学家。

⑱仲甫：左辅，字仲甫，一字蘅友，号杏庄。乾隆进士。以知县官安徽，治行素著，能得民心。嘉庆年间，官至湖南巡抚。

⑲李次青：李元度，字次青，又字笏庭，自号天岳山樵，晚年更号超然老人。清朝大臣，学者。

⑳孟心史：孟森，字莼孙，号心史。清史学科奠基人。

㉑钱梦鲸：钱名山，字梦鲸、振锽。近代诗人和书法家，人称"江南大儒"。

㉒王述庵：王昶，字德甫，号述庵，又号兰泉。清代乾隆、嘉庆年间浙

派吴中词人群颇具影响的词人之一。

㉓吴清卿：吴大澄（吴大澂），初名大淳，字止敬，又字清卿，号恒轩，晚年又号愙斋。清代官员、学者、金石学家、书画家。

㉔林琴南：林纾，字琴南，号畏庐，别署冷红生，晚称蠡叟、践卓翁、六桥补柳翁、春觉斋主人。室名春觉斋、烟云楼等。近代文学家、翻译家。

## 1938年7月7日

乙丑①汴馆②遇童生某之丧，馆人交称之，予挽以联云：
及门中谁好学者；
如子也可勿殇乎。
吾邑景韩书院，清末废院为校，予先君监学于此，时知澄海县事杜夔元题联云：
入此门来，当以国士自期，勉造五百名贤地步；
登斯堂者，须念中邦不振，聿开二十世纪文明。
在当时已脍炙人口，今亦不可得见矣。又按此首本惠潮嘉道某题韩山书院之作，非杜手也（夕为林有光诵而记之）。

【注释】

①乙丑：指1925年。
②汴馆：指开封中州大学。

## 1938年7月11日

丁太守静斋……又口述中丞①遗联二则。
题汤坑太平寺②联云：
古佛又重参，三千里外初归客；
旧题何处觅，四十年前此读书。
丁园自题云：
此间风景依然，记取吴中旧诗句；
世上园亭多少，谁能枕畔看江山。

【注释】

①中丞：指丁日昌。
②汤坑太平寺：位于广东丰顺县汤坑镇。

## 1938 年 7 月 12 日

录吴玉臣太史遗联二则，其挽季子云：
频年摧折，到此何堪，九原中有母有姊有弟兄，莫更伤心谈老父；
本性聪明，自谋则拙，二十载知孽知园知障碍，好凭忏悔作完人。
挽其刘氏妹云：
此去白头姊妹，同侍白头，亲情话到重泉，地下相逢知有伴；
只我尘世飘零，未完尘世，劫填胸余往事，灯前欲语更何人。
半世征人，望乡树而欣然色喜；老来情绪，人寥落而鬼也何多。质语俚词，如听两岸猿声，殊觉文采，寿者皆是多事。

## 1938 年 7 月 16 日

左湘阴①挽曾湘乡联云：
谋国之忠，知人之难，自问不如元辅；
同心如金，攻石如错，相期无负平生。
世多诵之，此联立言自是得体，佥云：格律音节是否有未合处，何以口耳之际总觉未适也？按此为四四六唱之格，仍自四六而来，可四六即可四四六，亦可四四四六，末句固无定格，以七字句适合音阶，七声诵之可口，若系以六字句，而不具特出音节，则如从排偶文中拈出一联，况左联又未有十分寄其哀吊之语，落句又不比诸古事以衬托之，故其音易尽而寄意不远耳。
谐联以左季高曾国藩字面嵌入云：
季子敢言高，与余意见大相左；
藩臣徒误国，问他经济有何曾。
更不登大雅之堂也。
梁节盦挽某云：
关中见赏鹿尚书，回思万里驱车，行在烽烟诗一束；
天上若逢龙表弟，为道孤臣种树，崇陵风雨泪千行。
呜呼，鹭雍门之歌，余音绕栖，发白帝之峡，两岸有声，后之君子尚有知其为一年一度上陵人也乎。（铁夫云：此联已见《万年山中日记》，挽粤人陈昭常也，第二十六册第十五页）

【注释】

①左湘阴：指左宗棠。

## 1938年7月27日

夜深与有光话楹帖，记存三首，同邑林干臣丈（士桢）撰联《奉先王母蔡太宜人林太宜人崇祀节孝祠》云：

松竹同贞，柏荼励志；

冰霜褒节，雨露覃恩。

语极浑成，又叠用连语以衬写双节母，尤醇厚得体。

唐才常①挽谭嗣同云：

与我公别几许时，忽警电飞来，忍不携二十年刎交，同赴泉台，空赢将去楚孤臣，箫声呜咽；

近至尊刚十余日，被群阴构死，竟永抛四百兆同种，长埋地狱，睁眼看扶桑三岛，零气苍茫。

此以气盛胜者。

梁启超挽李鸿章云：

太息斯人去，萧条徐泗空，莽莽长淮，起陆龙蛇安在也；

回首山河非，只有夕阳好，苍苍浩劫，归辽神鹤更何之。

如聆天津小达子梆子曲也。旋见港报端载彭雪琴"鄱阳湖"一联，鄱阳湖传为周瑜②练水师处，彭玉麟建望湖亭，其上并题联云：

战舰列千军，想当年小乔夫婿，破浪乘风，多少雄姿英发，今我划船来寄迹，吊古凭栏，叹几许事业兴亡，只赢得残灰劫火；

湖天开一碧，看此日大地山河，落霞孤鹜，无复活泼生机，谁家铁笛暗飞声，悲歌击筑，把那些沧桑感慨，暂付与芳草斜阳。

气既不举，词亦多累，不类刚直③传世之作，然观其题咏梅花诸什（《彭玉麟梅花文学之研究》，李宗鄴著，商务本），也不过尔尔，如云：

一江风雪，夜漫漫，腊鼓惊人，岁又残；

寄语故园，老梅树，著花仔细，度天寒。

又云（为当涂太白楼画梅作）：

到此何尝敢作诗，翠螺山拥谪仙祠；

颓然一醉狂无赖，乱写梅花十万枝。

则自摅风怀之作。徒留四载刀环约，未遂平生镜匣缘，不然敝屣功名、泥涂轩冕者何哉。

**【注释】**

①唐才常：字伯平，号佛尘。清末维新派领袖。近代著名的政治活动家。

②周瑜：字公瑾，东汉末年名将。建安十三年（208），周瑜率军与刘备联合，于赤壁之战中大败曹军，由此奠定了"三分天下"的基础。

③刚直：指彭玉麟。

## 1938 年 7 月 29 日

古今同名者多矣，太炎先生趣联云："古来三更生，中垒、北江、南海。"（符九铭对云："世间一长物，孔方、墨哥、佛郎。"已见前记），今人有郝更生（徐州）等，子厚①所谓"自同昔人愈疏阔矣"。因思儿时闻先大夫述联云：

费无忌、公子无忌，此无忌彼亦无忌；
蔺相如、司马相如，名相如实不相如。
宋有柳开，清有刘开；
唐有李邕，今有高邕。
明有顾绛；
今有章绛。

或以文或以字或以道术师其名焉，以寄仰止之思，此亦慕蔺相如之为人因改名相如之意也。

**【注释】**

①子厚：柳宗元，字子厚。唐代文学家、思想家，"唐宋八大家"之一。

## 1938 年 8 月 1 日

记存茶寮一联：

今日之东，明日之西，青山隐隐，绿水淳淳，走不尽楚馆秦楼，填不满心潭欲海，勇若项羽，智若曹操，乌江赤壁皆烦恼，忙甚么，劝君暂坐片时，得安闲处且安闲，万事不如杯在手；

这条路来，那条路去，浮生渺渺，古道悠悠，留不住白发青丝，带不去黄金碧玉，贵如子仪，富若石崇，绿珠红粉都成梦，快些来，与我好酒数壶，能畅饮时须畅饮，人生几见月当头。

此最合过路人脾胃者，记梁茞林联语未及此（它日见之，则削此则）。

## 1938年8月3日

梁节盦为弃妇卜楼武昌寓园，传有联云：
冷落雨中花，旧梦剧怜栖凤阁；
经营天下事，壮怀消尽惜余楼。
口碑当道（孽海花，尢铺演之），节老不自讳也，顽艳哀感，得未尝有。

## 1938年8月6日

与有光夜谈，记曾国华之殁，湘乡构联未就，披幕下挽章无当意者，旋有一书生投稿云：
秀才支半壁山河，方期一战功成，挽回厄运；
举世号满门忠义，岂料三河痛定，复霣台星。
曾侯为之击节，按此联以言温雅，蕴藉则未也，然已为当时山中鸣凤矣，才难不其然乎。

# 《因树山馆日记》第十四册
### （1938年9月3日—10月13日）

**1938年9月3日**

　　马隽卿来书，告其长妇周（五月）之丧，老境萧条，又失荐羞①之息②，虽非新免于丧，不可不唁也，中夜成，晨附书寄之（并告家中赙金）：
　　通德里中有素风，只此织影春声，犹是威姑旧家法；
　　涤烦亭外看斜日，说到荇枯苹冷，空余冢妇税褕衣。（可园有"涤烦亭"，隽老有"涤烦亭外夕阳时"之句）
　　铁老近成其乡（香山）申明亭乡校联，云：
　　申明孝弟忠信礼义廉耻；
　　古训亭毒芬榆桑梓菁莪。

【注释】
①荐羞：指进献美味的食品。
②息：儿女。子息。

**1938年9月17日**

　　桂林号航机毁于鹫逐①，殉者十三人，王梁甫及于难，其妻挽以联云：
　　君本热血男儿，一死报国，九牧流芳，长留正气芒光，诚丈夫固当如是；
　　我原薄命女子，百病缠身，貌孤在抱，剩得单伶只苦，问人生到此何堪。
　　所见黄茅曰苇，只令人恶，今闻牝鸡司晨，犹如鸣凤在岗也（《立报》云：出其亲笔）。

【注释】
①桂林号航机毁于鹫逐：1938年8月24日，中国航空公司民航客机"桂林号"在广东省中山县张家边九项围附近河面被五架侵华日军战机截击，迫降沉没河中，机上除美籍机长活士、无线电员罗氏及乘客楼兆念三人生还外，

其余 15 名乘客及机组工作人员全部遇难。该次空难被视为民航史上首次客机被军机击毁，史称"桂林号事件"。

## 1938 年 9 月 22 日

燕方侄报书云午抵家，其母朝瘁矣，为联唁之：

亦忍死以待游子之归，琀敛仅亲，半世爱劳征夏楚；

毕此生遂余终身之慕，杯棬宛在，一庭风木尽秋声。

沈五（朝立）告予，云报（《星岛日报》）有章士钊①挽徐新六②、胡笔江③死难联，久不闻謦欬矣，检诸乱纸而得之，联云：

浩劫旷千年，何处招魂，蜀道青天悲楚些；

不见刚三日，吞声死别，故人黑塞梦深驰。（深驰二字疑有误）

了无过人处。

他如公挽死难十三人署（余汉谋④）云：

死生由分定；

魑魅逐人来。

集句为之，尚称。

署吴（铁城⑤）云：

寇盗竟相侵，狠如羊，贪如狼，毒如蝎蛇，天道何凭，惨见云车罹浩劫；

妇婴俱不免，寡人妻，孤人子，独人父母，民心未死，好将铁血复深仇。

此联当与前月羊城挽阵亡罹难士民一联同出一人手笔，床头捉刀，尚非凡手。

**【注释】**

①章士钊：字行严，笔名黄中黄、青桐、秋桐。曾任中华民国北洋政府段祺瑞政府司法总长兼教育总长。中华民国国民政府国民参政会参政员，中华人民共和国全国人大常委会委员，全国政协常委，中央文史研究馆馆长。

②徐新六：字振飞。抗战爆发后，徐新六和李铭受财政部部长孔祥熙指派，负责维持上海租界内的金融事业。1938 年 8 月，国民党政府组织代表团拟赴英国商谈借款事宜，电邀在香港的徐新六参加。8 月 24 日，搭机从香港飞往重庆途中，该机在广东上空被日机击落，徐身亡，国民党政府授予烈士称号。有《币法考》等著作留世。

③胡笔江：谱名敏贤，名筠，字笔江，"中国金融巨子"。1938 年，胡笔江先生坐"桂林号"飞机遭日军 3 架零式战斗机追击，不幸遇难。胡笔江遇难后，国民政府追认他为烈士。毛泽东闻讯，送了挽联致哀。蒋介石得悉，

也电唁家属。董必武代表中国共产党出席了在武汉举行的隆重追悼会。在香港的追悼会,则由宋子文主祭。

④余汉谋:字幄奇。国民党高级将领,陆军一级上将。曾任陆军总司令,并一度主政广东。

⑤吴铁城:号子增。早年追随孙中山先生,参加过辛亥革命、护国、护法斗争。长期负责国民党的海外任务工作。

## 1938年9月23日

有光市得《联语》小册,杭州平湖秋月①联云:
胜地重新,在红藕花中,绿杨阴里;
清游自昔,看长天一色,朗月当空。
又②:
凭栏看云影波光,最好是红蓼花疏,白苹秋老;
把酒对琼楼玉宇,莫孤负天心月到,水面风来。
黄鹤楼云:
何时黄鹤重来,且自把金尊,看洲渚千年芳草;
今日白云尚在,问谁吹玉笛,落江城五月梅花。
晴川阁云:
汉口夕阳斜度鸟;
楚江灯火看行船。
又:
栋宇逼层霄,忆几番仙人解佩,词客题襟,风月最佳时,坐倒金尊,却喜青山排闼至;
川原揽全省,看不尽鄂渚烟光,汉阳树色,楼台如画里,卧吹玉笛,还随明月过江来。
北通州河楼云:
高处不胜寒,溯沙鸟风帆,七十二沽丁字水;
夕阳无限好,对燕云蓟树,百千万叠米家山。
虎溪桥③云:
桥跨虎溪,三教三源流,三人三笑话;
莲开僧舍,一花一世界,一叶一神仙。
瞻园·东山楼(秦涧泉④学士自题)云:

辛勤有此庐，抽身归矣，喜鸟啼花笑，三径常开，好领取竹簟清风，茅檐暖日；

萧间无个事，闭户恬然，对茶熟香温，一编独抱，最难忘别来旧雨，经过名山。

滕王阁云：

我辈复登临，极目湖山千里而外；

奇文共欣赏，人在水天一色之中。

九江庚楼云：

半壁江山，六朝雄镇；

一楼风月，几辈传人。

安庆大观亭云：

秋色满东南，自赤壁以来，与客泛舟为此乐；

大江流日夜，问青莲而后，举杯邀月更何人。（更字原作有）

扬州廿四桥云：

胜地据淮南，看云影当空，与水平分秋一色；

扁舟过桥下，闻箫声何处，有风吹到月三更。

并当日才人呕心之作，惜不记别为谁何也。

【注释】

①平湖秋月：杭州"西湖十景"之一。

②又：彭玉麟撰写的平湖秋月联。

③虎溪桥：佛门传说，虎溪在庐山东林寺前，相传晋僧慧远居东林寺时，送客不过溪。一日陶潜（陶渊明）、道士陆修静来访，与语甚契，相送时不觉过溪，虎辄号鸣，三人大笑而别。后人于此建三笑亭。此联为唐英撰。

④秦涧泉：秦大士，字鲁一，又字鉴泉，号涧泉，又号秋田老人。清乾隆十七年（1752）中状元，官至侍读学士。名儒硕德，名重一时，诗、书、画称三绝。

## 1938 年 10 月 13 日

《南中晚报》言八省棋王黄松轩以昨十二日殁于澳门，废然一榻，吊之以联：

垂死犹约故人来兮，鸡黍赴隔年，知我深于孔北海①；

论才当与天下共之，橘梅无完谱，得公何止范西屏②。

【注释】

①孔北海：指孔融。

②范西屏：一作西坪，名世勋。清代乾隆时期著名围棋国手。与施定庵齐名。着子敏捷，灵活多变，有"棋圣"之称。著有《桃花泉棋谱》《二子谱》《四子谱》。

# 《因树山馆日记》第十五册
（1938年12月19日—1939年2月2日）

**1938年12月19日**

叔平①挽雨生②中丞联：

政绩张乖崖，学术陈龙川，在吾辈自有公论；

（雨生兄中丞大人灵座）

文字百一廛，武功七二社，问何人具此奇才。

（愚弟翁同龢顿首恭挽）

【注释】

①叔平：翁同龢，字叔平，号松禅，别署均斋、瓶笙、瓶庐居士、并眉居士等，别号天放闲人，晚号瓶庵居士。晚清政坛的重要人物。

②雨生：指丁日昌。

**1939年2月1日**

随里友往唁陈氏遗族。隅坐尸侧，以俟①棺来，正未知死何如生何暇，作今之视昔，毕生晤对，尽此刹那，发为挽章，永归蒿里，联云：

以泛舟来，以柩枢迁，符节亦前缘，故应吴子待君久；（同邑吴上舍梦兰与君同年同岁补博士弟同隶蔡杨之门，同以避乱死于香港）

昔共公车，今同浮海，临终犹一领，胜似巨卿执绋迟。

意有未尽，又撰联云：

方健羡禽向云山，冀瓯海波澂逍遥，犹卜倦游阁；（包慎伯晚自号倦翁，有《倦游阁记》）

竟亲抚东坡客死，况迟儿归晚永诀，仅及盖棺时。

【注释】

①俟：等待。

## 1939年2月2日

莞父停柩筮吉,未刻出。

蔡秋农撰联云:

如公颐养有方,岂仅六十杖乡,讵渡海匆匆,一病竟遗儿女恸;

若个奔驰无尽,况复百年短景,何劳人草草,此生遂与国门辞。

# 《因树山馆日记》第十六册
（1939年3月15日—6月25日）

## 1939年3月15日

咸丰军兴，侯官沈葆桢妻林敬纫①助摄广信府，刺指血书乞援玉山镇总兵饶延选，客传挽联云：

为名臣女，为名臣妻，大节昭昭，挽狂澜于既倒；

以中秋生，以中秋死，忠心耿耿，抱明月而长终。

林氏文忠②之女是可记也。

【注释】

①林敬纫：林普晴，字敬纫、俊兰。林则徐次女，嫁沈葆桢。清代咸丰五年（1855）葆桢守九江，六年（1856）摄广信，太平军自吉安陷贵溪、弋阳。葆桢筹饷河口，郡城空虚，普晴飞书乞援于驻玉山之饶延选。兵至围解，民心大安，普晴以此闻名。

②林氏文忠：指林则徐。

## 1939年3月31日

吊胡翁伯畴（代陈叔言作）：

迟先君捐馆六年，恤存念旧，不渝始终，追惟宣子抚尸，犹共见古人风义；

自我翁蒙尘五月，举几执床，半侍汤药，未陪羊公岘首，独怆然碑下霜凄。

泽畔行吟，丘中兴叹，亦缀数语，以报幽思，联曰：

所贵乎大丈夫者，排难解纷，折狱片言无宿诺；

犹及送好時侯矣，走胡使越，扁舟归骨有余情。

（陶集《咏荆轲》诗："其人虽已没，千载有余情。"）

谋于野则获，而邑则否，江头舣渡，来攘往熙，寄其草莽之思而已。

## 1939年4月3日

珠江堤畔有酒家曰"一景"者,榜字①为吴玉臣②太史所题,娇妇戴耆,举止失色。报传陈公博③嵌字凤顶格一联,盘飧市中,此为兼味矣,联云:

一舫得逸少,风流最宜,载酒高歌,琴客知音诗客醉;
景物换尉佗,霸气更拓,层楼远眺,海门返照石门秋。

石门④在城西北江中,汉时南越吕嘉⑤拒汉,积石江中以为门,因曰石门,后元鼎间楼船将军杨仆⑥伐南越,陷寻狭、破石城,即此。

【注释】

①榜字:写在匾额上的大字。

②吴玉臣:指吴道熔。

③陈公博:陈公博生于广州北门的一个官宦之家。早年参加中国共产党,是中共一大代表,尔后离党而去,跻身国民党行列,以"左派"自诩,曾任国民党第二次全国大会中央执委。最后,他追随汪精卫,叛国投敌,成为第二号大汉奸。

④石门:位于广州从化。

⑤吕嘉:南越国丞相。吕嘉连续担任三代南越王的辅臣,权倾一时。

⑥杨仆:西汉名将。其东移函谷关和南下平叛的壮举,千古流传。汉武帝时,为御史,后为主爵都尉。公元前112年,为楼船将军,率领水军与路博德的陆军一起平定南越国,封将梁侯。

## 1939年4月6日

胡伯翁柩以今日(首七)出自殡宫,静斋撰联挽之云云,正不知情生于文,文生于情也,而风格尤道上矣:

虏骑正凭陵,可堪爆竹新年,剩水残山归骨日;
啼鹃犹断续,无奈杏花寒食,素车白马哭君时。

## 1939年4月8日

早起出走公园试脚力,消停食也,山下有天后宫,小劣三椽,署联乃可省览，联曰：

南国有生皆圣德；
海天无处不慈航。

## 1939年4月9日

丹徒马良①百岁，其徒于右任②寿以联云：
当全民族抗战之时，遥祝百龄，与将士同呼万岁；
自新教育发萌而后，宏开复旦，论精神独有千秋。
白茅三四月间开花，后亦结实有味者。
【注释】
①马良：指马相伯。
②于右任：原名伯循，字诱人，尔后以"诱人"谐音"右任"为名，别署骚心、髯翁，晚年自号太平老人。近现代政治家、教育家、书法家。

## 1939年4月13日

太炎先生挽陈竞存①（炯明）联云：
祭仲逐突，春秋不非，嗟斯人何独蒙谤；
项王刭印，英雄一短，愿时贤借以自惩。
此作前亦脍炙人口，然恐遂莫能举之者矣。
高啸桐②丁清之季，怀才不遇，岑西林督粤时檄署一郡，郁郁以殁，岑挽之云：
短交仅三年，有过必规，君真可感；
长才终一郡，蔽贤之罪，我又奚辞。
允为称情而施之作。
传东莞公园半山亭岑学吕③题联云：
且住为佳，绝顶让他先半步；
此间亦乐，后尘望我尚多人。
从描写半字著笔，又旨取知足，所以为天下溪也。
若林云陔④挽黄晦闻联云：
忧国似杜少陵，诗卷留传，当代词坛推老宿；
制行同顾炎武，等身著作，不堪鲁殿失灵光。

"似"字、"同"字、自弱其句。

翁松禅⑤之挽丁中丞⑥也，政绩张乖崖⑦，学术陈龙川⑧，在吾辈自有公论，不挟"似"字、"同"字而关节逾紧，况比人尤称其伦者，昔人言欧阳《昼锦堂记》⑨起句原文本为"仕宦至将相，富贵归故乡"，文成，驿已发矣，旋乃驰传追加两"而"字，何"而"乎尔"而"者难之也。文王九十三而终，武王九十七乃终（文王世子），何"乃"乎尔"乃"者难于"而"也（王氏《经传释词说》），以文情论，增二"而"字尤见节和声悠之妙，又适与前论相反而实相成，作手高低一字而见，不能家喻而户晓之矣。

【注释】
①陈竞存：陈炯明，字竞存。粤系军事将领，现代军事家。
②高啸桐：高凤岐，字啸桐，号媿室主人。光绪年间举人，官至梧州知府。工古文词。
③岑学吕：佛名宽贤，广东省顺德人。1931年前后开始信佛，1932年在福州鼓山涌泉寺，皈依于虚云老和尚座下，法名宽贤。
④林云陔：原名林公竞，字毅为。民国政要。
⑤翁松禅：指翁同龢。
⑥丁中丞：指丁日昌。
⑦张乖崖：张咏，字复之，号乖崖，谥号忠定。北宋太宗、真宗两朝的名臣，尤以治蜀著称。
⑧陈龙川：原名汝能，后改名陈亮，字同甫，号龙川。绍熙四年（1193）光宗策进士第一，状元。所作政论气势纵横，词作豪放，有《龙川文集》《龙川词》。
⑨《昼锦堂记》：欧阳修为曾以武康节度使的身份治理相州的丞相魏国公建的昼锦堂而写的记。

## 1939年4月17日

香山书院联，不知犹传撰人否，联云：
诸此到此何为，岂徒学问文章，擅一艺之长，便算读书种子；
在我所求亦恕，不过子臣弟友，尽五伦本分，共成名教中人。
大雅之音，那得几回闻哉。
羊城杭州会馆戏台联云：
一阕荔枝香，听玉笛吹来，遍传南海；

数声杨柳曲，问金尊抱处，否忆西湖。
关切瓯越两地，格调亦清。
又有贻歌者春美云：
独有宦游人，秋月春风等闲度；
与君离别意，良辰美景奈何天。
未若雪珠一联云：
晓风杨柳，初日芙蓉，怜取眼前人，雪肤花貌参差是；
歌舞楼台，秋千院落，不知身是客，珠箔银屏迤逦开。
韵逐情流，言如己出，苣林《巧对录》无此浑成，何栻①《衲苏集》逊其旖旎睹矣（何栻《悔余堂集》有集苏句联逾一千首）。

【注释】

①何栻：字廉昉，又作莲舫，号悔馀。清代道光二十五年（1845）进士。咸丰六年（1856）出任建昌知府，以城陷夺职。之后入曾国藩幕，颇得赏识，有"才人之笔，人人叹之"语。

## 1939年4月28日

里人高贞曰传暹罗①"海天楼"联（南海高某作）：
海客谈瀛州，问大陆茫茫，何处是上界仙都，中原净土；
天涯动秋思，看都人楚楚，此中有名花解语，美酒销愁。
姑存之。

【注释】

①暹罗：指泰国。

## 1939年5月26日

林文忠奉戍新疆，常诵"苟利国家生死以，岂因祸福趋避之"二语，洎咸丰初元，出师道陨，文宗①悼联云：
答君恩，清慎忠勤数十年，尽瘁不遑，解组归来，犹自心存军国；
殚臣力，崎岖险阻六千里，出师未捷，骑箕化去，空教泪洒英雄。（见《唐间斋笔记》，中有误字，联亦非其至者，所谓以人存也）

【注释】

①文宗：咸丰帝奕詝，爱新觉罗氏。庙号文宗。

## 1939年6月5日

湘乡《荣哀录》挽联百有二十六则。湘绮一联不见著录,亦无堪抗肩之作,其较善者仍属左①李②二首,人所习之者,左自称晚生,云:

谋国之忠,知人之明,自愧不如元辅;
同心若金,攻错若石,相期无负平生。(已见前记)

李自称门下士,云:

师事近三十年,薪尽火传,筑室忝为门生长;
威名震九万里,内安外攘,旷代难逢天下才。

左作立言得体,不在华藻,李作似非出名手。舍此有欧阳兆熊③(《湘乡集》中欧阳生哀辞所云:"塞小岑之悲。"即兆熊也)一联云:

矢志奋干戈,忆昔旅雁传书,道精卫填海,愚公移山,竟历尽水火龙蛇,成就千秋人物;
省身留日记,读到获麟绝笔,将汗马功名,问牛相业,都看作粃糠尘垢,开拓万古心胸。

又一联集成语云:

平生风义兼师友;
万古云霄一羽毛。

亦佳。

又马恩溥④联云:

论交谊在师友之间,兼亲与长,论事功在汉唐以上,兼德与言,朝野同悲惟我最;
考初出以只情为疑,实赞其行,考战绩以水师为著,实主其议,艰难未预负公多。

此则以上书陈策之格调播为吊语挽歌,工力所至,故不可诬,要皆二等以下作手。湘绮杰作独落选者当缘上联勘定,下联礼堂二语,师相使牧,并致微词,未及杀青,遂被削稿耳。湘乡生憙此事,凡所哀挽靡不登善,洎其没也,举一世知勇辨力为之而莫克当其一拳,此泉明所以有自祭之文,曲园所以有永别之柬,而今而后吾知免夫矣乎。

【注释】

①左:指左宗棠。
②李:指李鸿章。

③欧阳兆熊：曾国藩友情深厚的布衣之交。
④马恩溥：字雨农。清代咸丰癸巳进士，历官内阁学士，兼礼部侍郎衔，安徽学政。

## 1939年6月14日

记津沽李丞相祠悬袁慰廷①楹帖云：
受知蚤岁，代将当年，一生低首拜汾阳，敢诩临淮壁垒；
世变方殷，斯人不作，万古大名配诸葛，长留丞相祠堂。
王自雅望非常，然床头捉刀人乃英雄也（《世说·容止篇》语）。
伊墨卿刺惠州吁宋芷湾②为联云：
南海有人瞻北斗；
东坡此地即西湖。

【注释】
①袁慰廷：指袁世凯。
②宋芷湾：指宋湘。

## 1939年6月25日

清末捐调横出，名目滋多，赌窟标榜曰："奉宪开摊"，有为之联曰：
书有未曾经我读；
事无不可对人言。
（书者博经也，俗曰：摊书）
不若花捐①一联云：
敢惜皮毛偷国税；
惟将涓滴报皇恩。
所刺讥者至矣。

【注释】
①花捐：对妓女征收的捐税。

# 《山林之牢日记》第一册

（1945年3月21日）

**1945年3月21日**

读史后偶成联云：

竟令郑五为宰相；

不信朱三有子孙。（后唐郑綮①能诗，语多俳谐，自言"使天下更无人，未至郑綮"。歇后"郑五为宰相，时事可知矣。"朱三，朱全忠②也）

【注释】

①郑綮：唐僖宗乾符年间（861—874）时任庐州刺史。

②朱全忠：指朱温。

# 附录一

◎吴三立[1]

## 黄任初先生之逝已周岁矣,怀贤感旧追挽以诗

积学渊渊无书藏[2],岿然[3]一老号南强。
提携古抱[4]埋江水,异代湘累[5]足感伤。
并世相知有子云[6],重来那料[7]死生分。
倾谈[8]茗几空留梦,凄绝渔洋[9]感旧文。

【原注】

五句后:公于世士素少许可,比岁独赏余散文。每向朋辈称之。

【注释】

①吴三立:1897—1989年,字辛旨,广东平远县人,教授。著名语言文字学家、教育家、书法家、诗人。曾任广东勤勤大学和中山大学中文系主任、华南师范大学中文系副主任。

②渊渊:深邃。《庄子·知北游》:"渊渊乎其若海,巍巍乎其终则复始也。"无书藏,指的是1926年冬,黄际遇被邀请回广东,任中山大学理学院数学教授。黄际遇由开封出发取道上海,乘船南下广东,不料途中触礁,海轮沉没,继遭海盗洗劫,他随身携带的著作、衣物等荡然无存,仅以身免。

③岿然:高大独立的样子。《庄子·天下》:"人皆取实,己独取虚,无藏也故有余,岿然而有余。"

④提携:黄际遇特别注意对年轻人的培养和扶持,甘当人梯。古抱:古代贤人的抱负。

⑤湘累:指屈原投湘水而死。《汉书·扬雄传》:"钦吊楚之湘累。"注引李奇曰:"诸不以罪死曰累,……屈原赴湘死,故曰湘累也。"

⑥子云:指扬雄。扬雄(前53—前18年),字子云,西汉蜀郡成都(今四川

成都郫县）人。西汉后期著名学者、哲学家、文学家、语言学家。扬雄从小勤奋好学，博览群书，喜欢潜心思考。为人简易清静，不汲汲于富贵，不戚戚于贫贱，不修廉隅以邀名，当世有大度，非圣贤之书不读。曾从严君平学，通《易经》《老子》，善辞赋。年轻时，曾一度钦慕屈原、司马相如的辞赋，他以司马相如的赋为范本，写了不少华丽的辞赋，传至京师，为汉成帝所喜，被召为给事黄门郎，与王莽、刘歆、董贤等为同僚。之后认为辞赋不过是"童子雕虫篆刻""壮夫不为也"（《法言·吾子》），转而研究哲学。他认为"经莫大于《易》""传莫大于《论语》"，于是就模仿《周易》写了《太玄》，模仿《论语》写了《法言》，还撰写了《训纂》《方言》《苍颉训纂》等语言文字学方面的著作。句意谓对方如同子云那样博学多才，且又与自己"相知"（相互了解的知心朋友）。

⑦重来：指黄际遇重新回到中山大学教学。那料：哪会料到，怎么会想到。

⑧倾谈：倾心交谈，尽情地谈论。黄际遇与吴三立二人有共同的爱好——文字、书法，共同的师友——章太炎、黄侃、钱玄同等，自然很谈得来。

⑨渔洋：指王士祯。王士祯（1634—1711），号阮亭，又号渔洋山人，人称王渔洋，清初杰出诗人、文学家。博学好古，能鉴别书、画、鼎彝之属，精金石篆刻，为一代宗匠，与朱彝尊并称"南朱北王"。王士祯名扬天下，成为清初文坛公认的盟主，一时间，诗坛新人、文坛后辈到京城求名师指点作品，往往先拜王士祯，如能得其只言片字褒奖，就会声名鹊起。由于黄任初"独赏"吴三立的散文，"每向朋辈称之"，故有此说。

（原载吴三立《吴三立诗集》，花城出版社2017年版，第101、103页）

# 附录二

◎盛 成

## 甲申端午前夕贺黄际遇教授六十大寿[①]

潮流往后不堪闻,声入心通请寿君。
艾壮韩汀惊岭客,蒲安平石外溪云。
思家怕过他乡节,饮酒有孚靖塞氛。
醉后自寻仙境路,六经数理妙斯文。

【注释】

①原载盛成《盛成诗稿》,香港银河出版社2000年版,第1页。

## 挽李约瑟[①]

中西文化史,世界难一人。
剑桥留约瑟,尼父造乾坤。
赤县富遗产,赖君多回春。
家藏万卷书,身洗万里尘。
甲申坪石会,烽火武水滨。
弦歌黄际遇,学海裔相亲。
胜利已在望,谈笑在新民。
忽听君作古,令人难认真。
尼父三不朽,百果万千因。

1944年秋天,李约瑟由重庆到韶关来看我。那时候我在坪石中山大学任教,特约数天系主任黄际遇老师等教授一齐来欢迎他,我的妻子儿女们也有参加。坪石街一茶馆,在武水之旁,秦始皇曾过此。那时抗日战争胜利在望,席间大家谈笑风生，那年李约瑟44岁。时隔半个世纪，今朝（1995年3月26日）忽闻约瑟作古，不觉惶然泪下，对此一代人物，谨以俚句挽之。

NEEDHAM应译为尼约瑟，我一如鲁公挽孔子，尊称他为尼父。

【注释】

①原载盛成《盛成诗稿》，香港银河出版社2000年版，第48页。

## 参观中大中山纪念馆感赋[①]

当年童子白头郎，革命读书两未亡。
坪石执鞭逢际遇，中山陵北弄潮昂。

【注释】

①原载盛成《盛成诗稿》，香港银河出版社2000年版，第55页。

## 乙未九月望后乙日[①]
——为黄任初教授逝世十周年诗志纪念

十年如梦一场留，令我难忘岱出头。
来段梅兰芳独唱，说声黄老师千秋。
天文数理教骈体，汉学精神识五洲。
花甲言诗成绝笔，招魂海角月悠悠。

重阳为余妻静宜三十初度，老师以诗寿之有云"六十言诗已最迟"，诗遂为绝笔、七古绝妙。

【注释】

①原载盛成《盛成诗稿》，香港银河出版社2000年版，第152页。

## 诗挽黄任初教授[①]

燕山粤岭夜漫漫，岱山辛酸湟水寒。
携手烽烟如昨日，伤心生死在回澜。
交逢患难怜知己，恨作文章好盖棺。
学海风神猿鹤伴，广陵清远客中弹。

【注释】

①原载盛成《盛成诗稿》，香港银河出版社2000年版，第153页。

# 后 记

◎ 黄小安

记得小时候家中有一排书架，架前通道是我夏天午睡的地方。每次放学回家，把凉席往地上一铺，此处便是我的天地。书架上放满了书，都是父母常用的，无甚特别。但是，其中一层摆放着一包包用牛皮纸封存的东西。这是些什么？因为历史的种种原因，我父亲黄家教从未很清晰地告诉我们，只有在他打开晾晒一番时，我们才从旁悟到点滴。原来这些就是我的祖父黄际遇（字任初）的遗物，包括其个人日记及中国象棋谱等手迹原稿。

20世纪60年代及80年代，父亲与祖父的好友均有编辑出版《黄际遇先生文集》（以下简称《文集》）之议。中山大学中文系黄海章教授两次均预为之作序，父亲亦积极参与其中。由于种种原因，《文集》未能出版。父亲将黄海章教授1982年写的《〈黄际遇先生文集〉序》送载于《中山大学学报》1990年第1期，而使此序得以保存。他还将此序恭敬地誊写了一遍。1995年，父亲将祖父日记手稿赠予潮汕历史文化研究中心永久保存。然而，我们已隐隐感觉到父亲对此事的萦怀。

2007年，我和我的先生何荫坤先后面临退休后日子如何度过的问题。先生提出凭我们之力整理祖父日记的建议，我亦有尝试一下的念头。于是，我们便开始有意识地收集资料，做前期准备。2009年8月，我有幸受邀到汕头做摄影交流。不知是心血来潮，还是实有牵挂，在当地摄影界朋友的陪同下，我走访了潮汕历史文化研究中心，寻视曾伴儿时午梦、既熟悉又陌生的"伴侣"。时光荏苒，原50册棋谱《畴盦坐隐》已佚，日记亦只余《万年山中日记》24册（共27册，佚第15、16、17册）、《不其山馆日记》3册（共4册，佚第1册）、《因树山馆日记》15册（佚第6册以及第16册以后各册）、《山林之牢日记》1册等共43册在此落户安家。翻开日记，桃花依旧，人面已非，这更暗暗坚定了我抹抹尘埃的决心。

2008年6月，由陈景熙、林伦伦两位学者编著的《黄际遇先生纪念文集》出版。2014年7月，潮汕历史文化研究中心将日记合编名为《黄际遇日记》（以下简称《日记》）交汕头大学出版社影印出版。此二事对我们来说，除具先导及鞭策意义外，在资料的征集、整理、编注等方面均给我们提供了较大的方便。在此，感谢他们为此做出的努力。

然而，影印本毕竟是手写的，虽说撰写日记时间离今不算太久远（80年左右），但读写差异之大超出想象。日记大多为毛笔楷书，亦不乏篆书、行书及章草，文字大量使用古体，有得即记，文不加点，不假排比，多为治学心得，包括历史、文学、数学、楹联、书信、棋谱（中国象棋）等内容，是祖父在工作之余用以自我鞭策的个人流水簿。因此，杨方笙教授认为，"（《日记》）给人的印象就像一座知识迷宫，万户千门，不知从何而入也不知从何而出……是部很难读的日记，除内容广博外，还由于它全部用的是文言文，有些还是华丽富赡、用典很多的骈体文，文章里用了许多古今字或通假字，而且绝大部分没有断句、不加标点。如果读者不具备一定的文字学知识，几乎触目皆是荆棘，无从下手"。蔡元培先生曾云："任初教授日记，如付梨枣，须请多种专门学者担任校对，始能完善。"要将如此卷帙浩繁的《日记》译为简体字，整理归类，便于今人阅读，以我们夫妻二人"业余爱好者"的身份，应无可能。这十年间，应验了杨教授之语"触目皆是荆棘"，我们也曾有放弃之念头。但是，常有人为了修订整理各类史料"打扰"我，尽管祖父日记影印本已经出版，他们依然很难查找到各自所需。这让我想起中山大学中文系陈永正教授对我说的一句话："小安，你作为后人，有责任将文物变为文献。"祖父的日记不仅有上述之亮点，更有其重要的写实性与记录性。作为后人，我明白了我的"试错"，才能让更多的人有机会去完善。正是长辈、专家、朋友们的关爱与鼓励，使"无知无畏"的我有了"舍我其谁"的胆量，"不够完美"也许正是这套丛书的特点。

我们将《黄际遇日记》分类编为七部分，即"国立山东大学时期""国立中山大学时期""师友乡谊录""畴盦坐隐""畴盦联话""畴盦学记""畴盦杂记"。这七部分既是一个整体［用"黄际遇日记类编"（封面用字选自黄际遇先生手稿）作为其丛书名］，又可独立成篇。其中的注释部分，本是我们在整理《日记》的过程中作为辅助的一道工序，资料来源除了《辞海》外，主要还是以网络资料为主，然总感觉把这些资料藏于书箧有点可惜，因此将其简化后作为注释一并刊出，希望对大众能有一定的参考价值。

基于本类编的特殊性，特此说明以下几点：

1. 本类编为日记体，根据祖父日记手稿影印本整理而成。由于手稿中存在一些看不清楚、看不明白的字词句，难免导致整理时出现与原文不一致或者语义较含糊的情况。

2. 祖父的手稿，为其日常记录的随笔，故日记中出现的有关书名、学校名、机构名、人名、地名以及英文名称、数理化公式等内容难免存在错漏和前后不统一的问题，为了尊重作者的原稿，在此保留日记原貌不做更改。

3. 本类编中的日记撰写时间距今80年左右，日记手稿多为毛笔楷书，亦不乏篆书、行书及章草，且多为繁体字，兼用通假字、异体字，现全文改为规范简体字，但无对应简体字及简化后有可能导致歧义的繁体字、异体字则保留原字（包括人名、地名），以不损日记原意。

4. 关于节选的说明。本丛书为类编，会将同一天的日记内容按照类别进行拆分或做相应删减，因此书中篇目多为节选。为了简洁，在目录与正文中不一一标注"节选"二字。

转瞬间，距黄海章教授作《〈黄际遇先生文集〉序》又过去了30多年，当年曾参与编辑策划《文集》者大多已作古，健在者亦到耄耋之年。我们在此用此序作为本书的"序"之一，部分缘于黄（海章）公公与我家的世谊，但更多的是缘于我们对先辈们言行文章的崇敬。在此，要感谢的人很多。首先是今年已96岁高龄的母亲龙婉芸，她是我能将此事坚持到底的最大支持；同时告慰父亲：您一直萦怀于心的事情，我们尽力了，如今，我们特别能理解您为什么一直不敢将此重任寄托在我们肩上。其次是我的哥哥与两位姐姐，多亏他们分担了照顾母亲等许多家务琐事，让我能够专心致志。再次是在康乐园看着我们成长的中山大学中文系黄天骥、曾宪通、陈焕良教授，他们都已年过八旬，黄叔叔主动为此书作序，曾叔叔、陈叔叔不厌其烦地解答我的问题。还有就是我的小学同学钟似璇，他不仅帮忙查找资料，还在数学及英文方面给予指导与校正。最后是中山大学出版社的领导与编辑，因他们的敬业与"宽容"，才让此书顺利付梓。另外，我的先生何荫坤，为了编注此丛书，自修了许多课程，留下了十几本笔记、上百支空笔芯和三块写坏了的电脑手写板。虽然他去年因病离世，未能等到本套丛书付梓的一刻，但他是相信会有这么一天的。他那副一步一步验证祖父日记中棋谱所用的中国象棋，我将永久珍藏。

黄小安<br>2019年4月20日

2009年8月，黄小安在潮汕历史文化研究中心查阅资料